Maud Mannoni

LA PRIMERA ENTREVISTA CON EL PSICOANALISTA

Colección
PSICOTECA MAYOR

LA PRIMERA ENTREVISTA CON EL PSICOANALISTA

Maud Mannoni

Prefacio
por Françoise Dolto

gedisa
editorial

Título del original en francés:
Le premier rendez-vous avec le psychanaliste
© 1965, Editions Gonthier S.A.

Traducción: Víctor Fichman

Cubierta: Carlos Rolando y Asociados

Novena reimpresión: septiembre de 2003, Barcelona

Derechos reservados para todas las ediciones en castellano

© Editorial Gedisa, S.A.
Paseo Bonanova, 9 1º 1ª
08022 Barcelona (España)
Tel. 93 253 09 04
Fax 93 253 09 05
Correo electrónico: gedisa@gedisa.com
http://www.gedisa.com

ISBN: 84-7432-057-7

Printed by Publidisa
Depósito legal: B-46617-2005 European Union

INDICE

PREFACIO, por Françoise Dolto   9

I - Especificidad del psicoanálisis, 10. *II - Especificidad del psicoanalista*, 12. *III - Las relaciones dinámicas inconscientes padres-hijos, su valor estructurante
sano o patógeno*, 15. *IV - La profilaxis mental de las
relaciones familiares patógenas*, 20. *V - Sustitución de
los roles en la situación triangular padre-madre-hijo*,
22. *VI - El complejo de Edipo y su resolución. Patogenia o profilaxis mental de sus trastornos*, 24. *VII - La
sociedad (la escuela). Su rol patógeno o profiláctico*, 32.

PALABRAS PRELIMINARES   41

1. LA SITUACION   45

I - Desórdenes escolares, 45. *II - Dificultades caracteriales*, 59. *III - Reacciones somáticas*, 77. *IV - Comienzos de una psicosis*, 88.

2. EL SENTIDO DEL SINTOMA   93

I - Dificultades escolares, 95. *II - Dificultades de carácter*, 100. *III - Reacciones somáticas*, 105. *IV - Esta-
dos prepsicóticos y psicóticos*, 108.

3. LOS TESTS   113

4. ¿EN QUE CONSISTE ENTONCES
   LA ENTREVISTA CON EL PSICOANALISTA?   123

5. PSICOANALISIS Y PEDAGOGIA   131

CONCLUSIONES   139

BIOGRAFIA   143

PREFACIO

Maud Mannoni y Colette Audry me han hecho el honor de solicitarme el prefacio de este libro. Es posible que el lector haya leído ya el libro anteriormente publicado de la misma autora *L'enfant arriéré et sa mère* [1]; en cuanto a este que tiene en sus manos, sin duda no lo desilusionará. Este prefacio puede parecer arduo y su lenguaje demasiado especializado a los lectores de Maud Mannoni, que posee el talento de escribir en una lengua clara y fácil. Sin embargo, creo que interesará a algunos de ellos, puesto que planteo en él problemas de profilaxis mental de los trastornos afectivos y sociales, tema que me interesa en grado sumo y en el que el psicoanálisis de niños nos exige pensar cotidianamente. El lector desalentado por mi prosa puede dirigirse directamente al texto de Maud Mannoni y leer luego el prefacio, que le resultará entonces menos difícil. Mi propósito ha sido el de señalar y desarrollar los problemas esenciales que este libro expone e ilustra:

—La especificidad del psicoanálisis.
—La especificidad del psicoanalista, su escucha.
—Las relaciones dinámicas inconscientes padres-hijos. Patogenia o salud mental.

[1] Maud Mannoni: *L'enfant arriéré et sa mère*, Editions du Seuil, mayo 1964, en "Champ Freudien", colección dirigida por Jacques Lacan. (Hay traducción española: Maud Mannoni, *El niño retrasado y su madre*, Madrid, Ediciones Fax, 1971.)

—El complejo de Edipo y su resolución. Patogenia. Profilaxis de sus trastornos.
—La sociedad (la escuela), su rol educativo patógeno o profiláctico.

I. ESPECIFICIDAD DEL PSICOANALISIS

El libro que leeremos a continuación es simplemente apasionante. Contiene el testimonio de una larga experiencia en consultas psicoanalíticas. En pocas páginas, y en forma muy vívida, nos permite acceder a una documentación clínica enorme y nos facilita la comprensión del aporte específico del psicoanálisis a las consultas médico-psicológicas. Este tema requería un desarrollo; en efecto, desde el comienzo de este siglo, y debido al descubrimiento de la psicología experimental, genética, interrelacional, existe un número creciente de personas cuya actividad profesional está consagrada a la psicotecnia, a la orientación, a la readaptación, a consejos de todo tipo y, por último, a la psicoterapia. Su formación es extremadamente polimorfa, y todos los métodos empleados tienen una justificación experimental y presentan fracasos y éxitos. En la actualidad, la psicotecnia está muy difundida, tanto que, por así decirlo, no hay ningún niño de las grandes ciudades que, en el transcurso de su escolaridad, no sea sometido en algún momento a tests individuales o colectivos. Se toman tests a los conscriptos, a los empleados de las grandes empresas; los diarios, las revistas, llegan, incluso, a ofrecer a sus lectores la posibilidad de juzgarse a sí mismos mediante una serie de tests vagamente relacionados con grupos control y que, con mayor o menor seriedad, han difundido entre el gran público conceptos de psicología. ¿Y el psicoanálisis?

En todas partes se habla de él, tanto en la prensa fácil como en filosofía. Debemos inquietarnos, sin embargo, ante la existencia de tantas consultas "psi..." y de consejeros para padres en dificultades, que se convencen con excesiva facilidad de su incompetencia educativa, y están listos a dejar sus responsabilidades paternas, en manos técnicas, de la misma forma en que ponen sus autos en manos de los mecánicos. Frente a la existencia de un aparato semejante que se organiza en instituciones, el público confunde al psicoanalista con el psicotécnico, el psicosociólogo, el médico psicosomático, el orientador profesional, el reeducador, o, incluso, el experimentador (aquel que por curiosidad científica intenta provocar reacciones). En todo caso, la mayor parte de las personas, al igual que muchos médicos, creen aún que el psicoanalista va a hacer esto o aquello, va a influir, moralizar, estimular, razonar, en suma, va a actuar con sus palabras como con un remedio, mediante una especie de sugestión, para llevar al sujeto a que se comporte "bien".

Ahora bien, el psicoanalista no agrega algo nuevo. Permite encontrar una salida a las fuerzas emocionales veladas que están en conflicto, pero el que las debe dirigir es el paciente mismo... El psicoanálisis es y sigue siendo el punto de impacto de un humanismo que se beneficia, después de Freud, con el descubrimiento de los procesos inconscientes, que actúan sin que el sujeto lo sepa y limitan su libertad. La fuerza de estos procesos inconscientes proviene, a menudo, del hecho de que se arraigan en procesos primordiales de la eclosión de la personalidad, que, por su parte, está apoyada en la función del lenguaje, modo de relación interhumano básico para la organización de la persona humana.

El psicoanálisis terapéutico es un método de búsqueda de verdad individual más allá de los acontecimientos; la realidad de estos últimos, para un sujeto dado, solo adquiere sentido por la forma en que ha participado y se ha sentido modificado por ellos. Mediante el método de decir todo a quien todo lo escucha, el paciente en análisis se remonta a los fundamentos organizadores de su afectividad de niño o de niña. El ser humano, inconcluso fisiológicamente en el momento de su nacimiento, debe enfrentar conflictos originados en su impotencia real y en su insaciable deseo de amor y comunicación; se le aparecen a través de los pobres medios de sus necesidades, y para colmarlas, ayudado por los adultos, se ilusiona intercambiando el amor en encuentros corporales, trampas del deseo. El descubre el poder de encuentro, más allá de las separaciones, en las zonas erógenas que lo vinculan con el cuerpo del prójimo, en el efecto a distancia de las sonoridades vocales del otro que, acariciantes o violentas, mimetizan los contactos que el cuerpo ha memorizado. La función simbólica específica de la condición humana se organiza así como lenguaje. Este lenguaje portador de sentido, nos hace presente un sujeto cuya existencia original está revestida con sus penas y sus alegrías —para él es su historia—, con su encuentro con "el hombre" (bajo la forma de seres humanos masculinos y femeninos) que le ha permitido asumirse como "hombre" de un sexo o del otro. Este saber, este "estar por verse", puede volver algún lugar de su cuerpo sordo, mudo, ciego, paralítico o enfermo, a consecuencia de algún contratiempo en ese encuentro. Lo que busca el psicoanálisis terapéutico no es nada más que la restauración de su persona original, liberada de su espera ilusoria o de estos efectos-shocks y contra-shocks frente al otro, y en algunos casos la logra. Ciencia del hombre por excelencia, el psicoanálisis, después de Freud, su fundador, se encuentra en una búsqueda perpetua, y los límites de su campo de estudio se extienden cada vez más hasta abarcar desórdenes de la salud mental, de la conducta, y de la salud somática.

II. ESPECIFICIDAD DEL PSICOANALISTA

El libro de Maud Mannoni es un documento-testigo muy accesible. Logra que el lector coopere en el primer paso efectuado por un consultante que concurre por problemas suyos o de algún ser querido, y que pide ayuda al psicoanalista. Gracias al arte del autor, cada lector se sentirá aludido en mayor o menor grado, iniciado en un nuevo modo, dinámico, de pensar las conductas humanas y sus trastornos. Comprenderá el sentido que tiene decir, cuando se habla del psicoanalista, que lo que constituye su especificidad es su receptividad, su "escucha". Verá en el libro personas que han concurrido a la consulta sabiendo apenas a quién se dirigían, remitidas por su médico, por el educador, o por alguien que conoce las dificultades que deben enfrentar pero que no puede ayudarlas en forma directa; en presencia de un psicoanalista, estas personas hablarán, en un principio, de la misma forma en que le hablarían a cualquiera. Sin embargo, la forma de escuchar de aquel, una "escucha" en el sentido pleno del término, logra por sí sola que su discurso se modifique y asuma un nuevo sentido a sus propios oídos. El psicoanalista no da la razón ni la niega; sin juzgar, escucha. Las palabras que los pacientes utilizan son sus palabras habituales; sin embargo, la manera de escuchar encierra un llamado a la verdad que los compele a profundizar su propia actitud fundamental frente al paso que están dando y que muestra ser completamente diferente a todo otro contacto con psicólogos, educadores o médicos. En efecto, estos, a causa de su técnica, están orientados hacia el descubrimiento y la curación de una deficiencia instrumental. Responden a nivel del fenómeno manifestado, del síntoma —angustia de los padres, perturbación escolar o caracterológica del niño— mediante la utilización de dispositivos de ayuda específicos, preconizando medidas terapéuticas o correctoras reeducativas.

Hasta el primer encuentro con el psicoanalista, el problema, en consecuencia, es abordado solo a nivel del objetivo de la consulta, y esta se plantea siempre en relación con fines de carácter negativo para el medio. Por ejemplo, el éxito escolar siempre parece ser en sí mismo un fin positivo, y también parecen serlo la ausencia de trastornos de carácter molestos para la tranquilidad del medio. Ahora bien, estas dos resultantes psicodinámicas solo tienen un valor cultural auténtico si el sujeto es efectivamente creativo y no está sólo sometido a las exigencias de los adultos, si la comunicación lingüística, verbal, afectiva y psicomotora que establece con su medio es propia de su edad, si está protegido contra tensiones internas, liberado, al menos en sus pensamientos y juicios, de la dependencia frente al deseo del otro, si se siente cómodo en el trato con compañeros de ambos sexos de su generación, si es capaz de amar y ser amado, si puede comunicar sus sentimientos y enfrentar las frustraciones y las dificultades cotidianas de todo tipo sin descompensarse; en resumen, si muestra la elasticidad caracterológica y mímica que caracteriza a la salud mental. Algunos síntomas que el medio, a menudo ciego, considera positivos, ya que valoriza lo que lo adula, son en realidad patológicos para él, que no vive ninguna alegría, ninguna opción creadora libre y cuya adaptación se acompaña de una inadaptabilidad a otras condiciones diferentes a las de su estricto modus vivendi; estos síntomas son, en realidad, signos de neurosis infantil y juvenil actual o enquistada. Para el psicoanalista, lo que importa no son los síntomas aparentemente positivos o negativos en sí mismos, no es la satisfacción o la angustia de los padres —que, por otra parte, puede ser completamente sana y justificada— ante un niño del que se sienten responsables, sino lo que el síntoma significa para el que, con tal o cual conducta, actualiza el sentido fundamental de su dinámica, y las posibilidades de futuro que, para este sujeto, el presente prepara, preserva o compromete.

Cualquiera sea el estado actual aparente, deficiente o perturbado, el psicoanalista intenta oír, detrás del sujeto que habla, a aquel que está presente en un deseo que la angustia autentifica y oculta a la vez, amurallado en ese cuerpo y esa inteligencia más o menos desarrollados, y que intenta la comunicación con otro sujeto. El psicoanalista permite que las angustias y los pedidos de ayuda de los padres o de los jóvenes sean reemplazados por el problema personal y específico del deseo más profundo del sujeto que habla. Este efecto de revelador él lo logra gracias a su "escucha" atenta y a su no respuesta directa al pedido que se le hace de actuar para lograr la desaparición del síntoma y calmar la angustia. Al suscitar la verdad del sujeto, el psicoanalista suscita al mismo tiempo al sujeto y a su verdad. En un segundo momento, el momento de la cura psicoanalítica del que este libro no se ocupa, el sujeto descubrirá por sí mismo su verdad y la libertad relativa de su posición libidinal en relación con su medio; el lugar de la revelación de este segundo momento es la transferencia.[2] Este libro aporta también, algo que para muchos lectores será nuevo; nos referimos al descubrimiento de que en el transcurso de una sola entrevista psicoanalítica se manifiesta ya con claridad la intrincación de las fuerzas inconscientes entre progenitores, ascendientes y descendientes. El lector aprehenderá sin dificultad cómo un ser humano, desde su vida prenatal, está ya marcado por la forma en que se lo espera, por lo que luego representa su existencia real para las proyecciones inconscientes de sus padres; estos, al actuar como interlocutores y modelos naturales, alteran con demasiada frecuencia, en el niño, el sentido preciso de las vivencias suscitadas por determinadas palabras, y ello desde su nacimiento en algu-

---

[2] La transferencia es la relación imaginaria, al mismo tiempo consciente e inconsciente, del psicoanalizado que demanda frente al psicoanalista testigo, que no responde, y acepta los efectos reestructurantes de la historia del sujeto a través de sus contratiempos patógenos. La transferencia es el medio específico de la cura psicoanalítica. Su surgimiento, su evolución y su desaparición final caracterizan cada cura.

nos casos. ¿Cuál es, entonces, el rol del psicoanalista? Acabo de decir que consiste en una presencia humana que escucha. ¿De qué forma este ser humano, constituido como los otros, surgido de la misma población, ha sido formado para que su escucha produzca efectos de verdad semejantes? Y bien, él mismo ha sido formado mediante un psicoanálisis, por lo general largo, y por la experiencia adquirida en tratamientos realizados por él y controlados por un psicoanalista más experimentado. Esta formación le ha permitido llegar a una cierta autenticidad de su ser, el que está detrás del robot que en cierto grado somos todos debido a la educación. A través de lo que se le dice, su sensibilidad receptora le permite oir los varios niveles del sentido subyacente emocional, que hay en el paciente, y en una forma por lo general más fina de lo que pueden hacerlo los que no han sido psicoanalizados.

III. *LAS RELACIONES DINAMICAS INCONSCIENTES PADRES-HIJOS, SU VALOR ESTRUCTURANTE SANO O PATOGENO.*

Los ejemplos proporcionados por Maud Mannoni muestran este fenómeno inducido en la escucha analítica, y muestran también la imposibilidad de la comunicación de ir más allá de determinados umbrales. Donde el lenguaje se detiene, lo que sigue hablando es la conducta; cuando se trata de niños perturbados, es el niño quien, mediante sus síntomas, encarna y hace presentes las consecuencias de un conflicto viviente, familiar o conyugal, camuflado y aceptado por sus padres.

El niño es quien soporta inconscientemente el peso de las tensiones e interferencias de la dinámica emocional sexual inconsciente de sus padres, cuyo efecto de contaminación mórbida es tanto más intenso cuanto mayor es el silencio y el secreto que se guardan sobre ellas. La elocuencia muda de un trastorno de reacción en los niños hace presentes al mismo tiempo su sentido y sus consecuencias dinámicas inconscientes. En resumen, el niño o el adolescente se convierten en portavoces de sus padres. De este modo, los síntomas de impotencia que el niño manifiesta constituyen un reflejo de sus propias angustias y procesos de reacción frente a la angustia de sus padres.

A menudo, su impotencia es la copia, a escala reducida, de la impotencia de uno de los padres, desplazada del nivel en que se manifiesta en el adulto al nivel de la organización libidinal precoz de la personalidad del niño, o también al nivel de la organización edípica presente en ese momento. La exacerbación o la extinción de los deseos, activos o pasivos, de la libido (oral, anal o pregenital edípica) o la simbolización por parte del niño de sus pulsiones endógenas, son la respuesta complementaria a los deseos reprimidos de padres insatisfechos en su vida social o conyugal, y que esperan de sus hijos la curación o la compensación de su sentimiento de fracaso. Cuanto más jóvenes son los seres humanos, mayor es el grado en que el peso de las inhibiciones dinámicas experimentadas directa o indirectamente a través de las tensiones y el ejemplo de los adultos mutila el libre juego de su vitalidad emocional, y menores son sus posibilidades de defenderse en forma creativa; los trastornos muy graves del desarrollo psicomotor mental o de la salud, por ello llamados psicosomáticos, de los niños muy pequeños, son la consecuencia de estas relaciones perturbadas en el mundo exterior, en un momento en que el mundo del niño está reducido aún al mundo del adulto que lo alimenta. Son muchos los desórdenes orgánicos del bebé y del niño pequeño que expresan los conflictos psicoafectivos de la madre, originados en especial en la neurosis materna, es decir específica de su evolución perturbada anterior al matrimonio, o en la del padre que perturba el equilibrio emocional del niño, a través de las experiencias emocionales que él mismo padece y que, a su vez, cotidianamente hace padecer a su mujer, madre del niño.

—Me duele la cabeza —decía un hijo único de 3 años. (Lo habían conducido a mí porque era imposible llevarlo al jardín de infantes, donde se quejaba todo el tiempo de su dolor de cabeza; parecía enfermo, pasivo y lleno de pesares. Además, padecía de insomnio, del que su médico no encontraba causas orgánicas.) Conmigo repitió su soliloquio. Le pregunté:

—¿Quién dice eso?

Mientras, él, con un tono quejumbroso, repetía: "Me duele la cabeza."

—¿Dónde? Mostrame dónde te duele la cabeza. —Nunca se lo habían preguntado.

—Ahí. —Y señaló el muslo, cerca de la ingle.

—¿Y ahí, qué cabeza está?

—La de mamá. —Como ustedes pueden imaginarlo, esta respuesta causó estupefacción en los padres allí presentes.

El niño era hijo único de una madre aquejada de dolores de cabeza psicosomáticos, sobreprotegida por un marido que la adoraba, veinticinco años mayor que ella. El niño, como hijo único, significaba de este modo su neurosis de impotencia y su fobia a la sociedad, mediante una provocación que hasta el momento había sido escuchada y con la que pedía ser sobreprotegido. El encuentro con el psicoanalista permitió que, al cabo de un pequeño número de entrevistas, no se alienase más en la identificación con esa pareja, herida por su vida difícil.

En la primera infancia, y a menos que haya consecuencias de tipo obsesivo frente a enfermedades o traumatismos del encéfalo, casi siempre los trastornos son de reacción frente a dificultades de los padres, y también ante trastornos de los hermanos o del clima interrelacional ambiente. Cuando se trata de trastornos de la segunda infancia o de la adolescencia, y en la primer infancia no se hayan manifestado perturbaciones, los trastornos pueden originarse en los conflictos dinámicos intrínsecos del niño frente a las exigencias del medio social y a las dificultades del complejo de Edipo normal; sin embargo, suele suceder que sus consecuencias den lugar a una reacción de angustia en los padres, impotentes para solucionarlos o avergonzados por la crisis de inadaptación de su niño a la sociedad. El niño o el joven, que ya por sí mismo debe enfrentar duras pruebas, no encuentra más seguridad en su medio social y tampoco en sus padres, tal como sucedía en las lejanas épocas en que el recurrir a ellos en las situaciones de peligro constituía la suprema fuente de protección. Incluso cuando aparentemente no se lo ama, el pequeño logra sobrevivir en los primeros años de su vida gracias a la ayuda y asistencia, al menos vegetativas, que recibió. Este modelo de regresiones-recursos sigue siendo el refugio inconsciente de todos los seres humanos ("papá", "mamá", "tengo sed" son los últimos reclamos de los moribundos que piden ayuda). Ante la incomprensión del medio, surgen reacciones en cadena de decepciones mutuas, entremezcladas con angustias recíprocas, procesos defensivos y reivindicaciones insoportables. La energía residual libre se reduce cada vez más, imposibilitando nuevas adquisiciones culturales por parte del joven y dando lugar a la pérdida de la confianza en sí mismo. Paralelamente a la impotencia social del niño, las conductas que se dan en tales grupos familiares no son más que muros de protección fortificados, y las palabras intercambiadas solo proyectiles entre atacados y atacantes.

Mientras perdura el instinto de conservación, la angustia y el aislamiento, sentimientos ligados a la culpabilidad irracional mágica no resuelta, dan lugar a reacciones de compensación desculturalizantes. Una vez superadas las edades en las que se presentan trastornos de debilidad de reacción mental, luego de debilidad psicomotora, y más tarde de debilidad escolar, aparece el cuadro clínico tardío de los trastornos del carácter con efectos sociales extrafamiliares. El desenlace de las relaciones reestructurantes provoca la aparición de la neurosis y de la delincuencia, y, más allá, de la involución psicótica o de la criminalidad.

Mediante los ejemplos que cita, Maud Mannoni nos hace participar en las primeras entrevistas relacionadas con casos clínicos que ilustran todos los grados de perturbación; estos se originan, en forma notoria, en la falta de una presencia sensata a una edad temprana, en la ausencia de una situación triangular socialmente sana o en la falta de aclaraciones verbales a preguntas explícitas o implícitas del niño; este encuentra tardíamente la respuesta en un acontecimiento traumático, que no comprende, y que lo trastorna completa o parcialmente, porque, al no habérselo explicado a tiempo, se siente abrumado por él. Esta experiencia emocional confusa, enquistada en mayor o menor grado, lo ha hecho frágil a toda puesta a prueba de su narcisismo y, semejante a un sonámbulo que se despierta y que se asusta ante la realidad, cada acontecimiento ulterior que lo pone a prueba lo hace caer un poco más en la confusión y la irresponsabilidad creciente.

Este libro, en efecto, permite comprender cómo la ausencia crónica de posibilidades de intercambio verdadero en el transcurso de la vida de un ser humano es tan perturbadora como los traumatismos específicos, si no más. Podríamos decir que la intuición normal de muchos seres se ve trastocada por identificaciones caóticas, contradictorias y plenas de imágenes perturbadas. Esta distorsión o desviación de su intuición natural por modelos no referidos en forma adecuada tanto a la ley natural como a la ley dictada, da lugar a relaciones simbólicas alteradas. Los adultos gravemente neuróticos, considerados como maestros y como ejemplos, son quienes aportan confusión, o una organización enferma o perversa, a la estructura del niño en crecimiento. Maud Mannoni proporciona muchos ejemplos sobre el tema, a través de los casos que ha tratado.

¿Cuáles son entonces las condiciones necesarias y suficientes que deben estar presentes en el medio de un niño para que los conflictos inherentes al desarrollo de todo ser humano puedan resolverse en forma sana, es decir creadora, para que surja una persona activa y responsable en el momento decisivo del Edipo y de su resolución en la reestructuración de los afectos, de las identificaciones y de los deseos incestuosos, para que la angustia de castración ligada al complejo de Edipo conduzca al abandono de las fantasías arcaicas o perversas intrafamiliares y permita que el sujeto se exprese en la vida social mixta y la vida cultural simbólica, aceptando sus leyes?

Podemos decir que la única condición, tan difícil y sin embargo tan necesaria, es que el niño no haya sido tomado por uno de sus padres como sustituto de una significación aberrante, incompatible con la dignidad humana o con su origen genético.

Para que esta condición interrelacional del niño sea posible, estos adultos deben haber asumido su opción sexual genital en el sentido amplio del término, emocional, afectivo y cultural, independientemente del destino de este niño. Ello quiere decir que el sentido de su vida está en su cónyuge, en los adultos de su misma edad, en su trabajo, y no en el hijo o en los hijos; quiere decir que el pensamiento o la preocupación por este niño, el trabajo hecho para él, el amor hacia él, no dominan nunca su vida emocional, en lo que se refiere a emociones tanto de orden positivo como negativo. El medio parental sano de un niño se basa en que nunca haya una dependencia preponderante del adulto respecto del niño (que por su parte, y en un primer momento, depende en forma absoluta del adulto) y que dicha dependencia no tenga una mayor importancia emocional que la que este adulto otorga a la afectividad y a la presencia complementaria de otro adulto. En el contexto actual de nuestra sociedad, es preferible que este otro adulto sea el cónyuge; sin embargo, esta con-

dición no es en absoluto indispensable para lograr el equilibrio de la estructura del niño; lo importante reside en que
este adulto, sea o no el cónyuge legal, sea un compañero realmente complementario, no solo de vida, sino que focalice
realmente los sentimientos del otro. Y sin embargo, hay seres
humanos que, en función de su destino o de accidentes que
se produjeron en el transcurso de su infancia, se ven privados
de la presencia de uno de los padres o de ambos. Su desarrollo puede ser tan sano como el de los niños que tienen una
estructura familiar íntegra, aunque con características diferentes, con la misma solidez, y sin enfermedad mental ni impotencia o neurosis.

IV. *LA PROFILAXIS MENTAL DE LAS RELACIONES
    FAMILIARES PATOGENAS.*

Lo que tiene importancia, en efecto, no son los hechos reales
vividos por un niño, tal como otros podrían percibirlos, sino
el conjunto de las percepciones del niño y el valor simbólico
originado en el sentido que asumen estas percepciones para
el narcisismo del sujeto. Este valor simbólico depende en alto
grado del encuentro del sujeto con una experiencia sensible
efectivamente nueva, y de las palabras (justas o no) o la
ausencia de ellas con respecto al hecho, en las personas que
él escucha; estas palabras, o su falta, se conservan y se volverán a presentar en su memoria como representantes verdaderos o falsos de la experiencia vivida. La imposición del silencio ante las preguntas y las palabras del niño o la falta de
diálogo respecto de estas percepciones, no integran, en realidad, esta percepción real del niño al mundo humano, y
las relegan, a ellas y a quien las ha vivido con pena o con
placer, al mundo de la mentira o a lo inefable del mutismo
cósmico mágico. Esto puede producirse en relación con experiencias reales directas, pero también con experiencias no
reales. En efecto, lo que el sujeto desea, en su vida solitaria
y silenciosa, puede ser percibido a nivel imaginario y protegido de esa forma contra la incongruencia entrevista por él en
relación con toda palabra verdadera intercambiada. Pero como las palabras dan lugar a imágenes, se puede observar que
cuando un niño experimenta deseos e imagina fantasías en re-

lación con ellos, el hecho cultural de las palabras-imágenes proporcionadas en otras circunstancias por los padres, produce su corolario; es decir, las imágenes solitarias provocan la escucha virtual de las palabras paternas, oídas con anterioridad, en relación con actos o percepciones de una tonalidad de placer o displacer semejante. De esta forma se construye y se desarrolla, a causa de la ausencia de intercambio verbal, un narcisismo no referido al otro actual sino solo al otro virtual, al "superyó" que se encuentra siempre en una etapa anterior. Además de lo que sucede en la imaginación, provocada por deseos no verbalizables o bien por las verbalizaciones prohibidas, debemos mencionar también lo que concierne al cuerpo y a la conducta de las personas, puntos de apoyo de la estructura de las leyes del mundo humano, y las variaciones de su salud psicosomática de las que el niño es testigo sin oir verbalizaciones adecuadas sobre ellas.

Toda vez que antes de la edad de la resolución edípica (6-7 años como mínimo) uno de los elementos estructurantes de las premisas de la persona es alterado en su dinámica psicosocial (presencia o ausencia de uno de los padres en un momento necesario, crisis depresiva de uno de ellos, muerte que se esconde, características antisociales de su conducta), la experiencia psicoanalítica nos muestra que el niño está informado de ello en forma total e inconsciente y que se ve inducido a asumir el rol dinámico complementario regulador como en una especie de homeostasis de la dinámica triangular padre-madre-niño. Esto es lo patógeno para él. Dicho rol patógeno, introducido por su participación en una situación real que se le oculta, es superado, por el contrario, en parte o totalmente, gracias a las palabras verdaderas que verbalizan la situación dolorosa que vive, y que le otorgan a esta un sentido susceptible de ser comprendido por el otro al mismo tiempo que por el niño. Nos referimos tanto a los accidentes, muertes, enfermedades, crisis de enojo, borracheras, trastornos de la conducta que provocan la intervención de la justicia, como a las escenas hogareñas, separaciones, divorcios, situaciones todas que conciernen al niño y cuya divulgación no se le permite; peor aun, en algunos casos se le oculta la realidad, que él de todas formas padece, sin permitirle que se reconozca en ella ni tampoco que conozca la verdad que percibe en forma muy fina, y al faltarle las palabras justas para traducir su experiencia con los que la comparten con él, se ve inducido a sentirse extraño, objeto de un malestar mágico y deshumanizante.

V. SUSTITUCION DE LOS ROLES EN LA SITUACION TRIANGULAR PADRE-MADRE-HIJO.

Toda asimilación de la madre al rol del padre es patógena, tanto cuando la madre decreta que el padre es incapaz y se coloca en su lugar, como cuando él está ausente o ella no toma en cuenta sus deseos. En efecto, cabe preguntarse en relación con qué o con quién, la madre lo juzga insuficiente y lo sustituye. Al actuar de este modo, la madre se refiere obligatoriamente a su propio padre, o si no a un hermano, o a su propia homosexualidad latente o a otros hombres de más valor que el padre del niño, hombres idealizados por ella, quien se siente impotente por no haberlos escogido como compañeros. Toda sustitución del padre al rol de la madre, si ella está ausente o si es realmente peligrosa a causa de un estado de enfermedad actual, tiene el mismo rol patógeno de desviación de la situación triangular, si no se tiene en cuenta un deseo de la madre conocido por el niño. Toda situación en la que el niño sirve de prótesis a uno de sus padres, progenitores, hermano o hermana, o abuelo del polo complementario, compañero faltante o no valorizado, por casto que sea en los hechos, ese compañerismo es patógeno, sobre todo si no se le verbaliza al niño que esta situación es falsa y que él puede escaparle con toda libertad. Toda vez que los progenitores son impotentes para satisfacer el rol del que son responsables y son reemplazados por alguna otra persona entre sus hermanos o sus ascendientes (la abuela o la tía encargada de jugar el rol de madre, el hermano mayor, el de padre), se produce también una distorsión: en dicho caso la situación triangular existe, pero la persona que sirve de apoyo a la imagen paterna o materna no está marcada con una rivalidad sexual, por el rol real de cónyuge genital en relación con la madre o con el padre del sujeto, es decir no es el rival que, a través de la angustia de castración, regula sus aspiraciones incestuosas. Todas estas sustituciones, prótesis engañosas que sin embargo, y en algunos casos, facilitan la vida material, en apariencia o en lo inmediato, y evitan que el niño viva experiencias de soledad verdadera o de abandono, no presentan ningún peligro si se subraya constantemente que esta persona sustituto no asume esa relación por derecho propio, sino que toma el lugar de uno de los padres ausentes, y se deja libre al niño para optar naturalmente y asumir con confianza sus propias iniciativas. Por otra parte, la posibilidad de que un psicoanálisis cure a niños o personas que han sido formadas antes de los 5 - 7 años con referencias simbólicas falsas, se basa en la verdad que el sujeto puede hacer surgir en el transcurso del mismo, y en el rol regulador de la expresión justa, de los sentimientos verdaderos y los afectos justos que se experimentan al ser revividos en el transcurso de la cura, cuando estos sentimientos y estos afectos surgen en la situación de transferencia y son, por así decirlo, destejidos, purificados, desenquistados de su carne y de su corazón, liberados de la obliteración representada por la obligación alienante de callarse. Incidentes muy angustiantes para el paciente, y en algunos casos para el medio que lo rodea, suelen acompañar la inminencia del resurgir de una verdad, antes de que la palabra la integre en un lenguaje pleno de sentido. En resumen, la situación particular de cada ser humano en su relación triangular real y particular, por dolorosa que sea o haya sido, conforme o no a una norma social, y, si no se la camufla o falsifica en las palabras, es la única que puede formar a una persona sana en su realidad psíquica, dinámica, orientada hacia un futuro abierto. Cualquiera sea el sujeto, esta situación triangular se construye a partir de su existencia inicial en el momento en que él la concibe, y luego, en su inexistencia o en su existencia hechas presentes, en su primera y segunda infancia, por sus verdaderos progenitores. En ese caso, está simbolizada, para el niño, por personas sustitutivas en quienes transfiere sus opciones bipolares sexuales. El ser humano solo puede superar su infancia y hallar una unidad dinámica y sexual de persona social responsable si se desprende de ella a través de una verdadera expresión de sí mismo ante quien pueda oírlo. Este "decir" lo ubica, entonces, en su estructura de criatura humana verídica, cuya imagen específica, verticalizada y orientada hacia los otros hombres por el símbolo de un rostro de hombre responsable, el suyo, es referida a sus dos progenitores particularizados, y al nombre que recibió a su nacimiento de acuerdo con la ley. Este nombre ligado a su existencia, tiene, desde su concepción, un sentido valorativo único que se sigue manteniendo vivo una vez desmistificadas todas estas apariencias multiformes y multipersonales.

VI. EL COMPLEJO DE EDIPO Y SU RESOLUCION. PATOGENIA O PROFILAXIS MENTAL DE SUS TRASTORNOS.

Este libro proporciona también al lector una comprensión de las consecuencias caracterológicas de lo que Freud descubrió y describió en forma genial: el complejo de Edipo como etapa decisiva que todo ser humano atraviesa después de su toma de conciencia clara de pertenecer al género humano, significado por su apellido, y de ser corporalmente portador aparente de un solo sexo, significado por su nombre. El rol de la dinámica triangular padre-madre-hijo, que opera desde la concepción del niño, padece las consecuencias interrelacionales de la forma en que el Edipo de cada uno de los padres fue vivido y resuelto. En efecto, en su evolución el niño dialectiza su estructura inconsciente frente a la ley de prohibición del incesto y a las distorsiones frecuentes que padece su surgimiento como persona humana en relación con el deseo de cada uno de sus padres que lo complementan o contrarían, y frente a las conductas regresivas neuróticas o psicóticas de sus padres, de sus abuelos, o de sus hermanos o hermanas mayores.

El complejo de Edipo, cuya organización se instaura desde los tres años con la certidumbre de su sexo, y se resuelve (nunca antes de los seis años) con la resolución y el desprendimiento del placer incestuoso, es la encrucijada de las energías de la infancia a partir de la cual se organizan las avenidas de la comunicación creadora y de su fecundidad asumible en la sociedad.

Muchas personas creen que el complejo de Edipo concierne solo los instintos de sexualidad de estilo primario, el celo con objetivos incestuosos, y rechazan su universalidad. "Un niñito dice que quiere casarse con su mamá, una niña que quiere casarse con su papá..., son cosas de niños, no lo dicen en serio, no creen en ello"; ahora bien, todos los estudios sobre la infancia nos muestran no solo que el niño no habla en broma sino también que, gracias a la encarnación de su deseo, no vivido aún como incestuoso, llega a construir psicológicamente la totalidad de su cuerpo.

El ensueño fantaseado de la felicidad conyugal y fecunda con su padre complementario le permite acceder al habla del adulto, al lenguaje para el otro, a la identificación transitoria de su deseo con la imagen del deseo del rival edípico. La felicidad esperada ante la satisfacción de ese deseo puede actuar como factor de adaptación muy positivo que se traduce a menudo en los cuentos de hadas. en las poesías, y es "sublimado", entonces, por la cultura. Sin embargo, y además de ese aspecto cultural positivo, el deseo ardiente de posesión y de dominio del objeto parental se expresa mediante sentimientos que provocan en la familia efectos caracterológicos negativos de una extrema violencia. Muchas niñas y niños logran que se quiebre un hogar, frágil quizá, pero que hubiese perdurado de no ser por la reacción celosa que la madre desarrolló respecto de su hija o el padre en relación con su hijo. Esta dinámica profunda de los instintos de los niños, que los lleva a rivalizar con el padre del mismo sexo y a obtener los favores del otro, choca, en los casos de salud afectiva de los padres, con un muro, un escollo: la inalterabilidad del sentimiento y del deseo sexual de cada adulto hacia el otro. Ello se debe a que la ley del incesto no solo es una ley escrita, sino también una ley interna. propia de cada ser humano, y que al no ser respetada mutila profundamente al sujeto en sus fuerzas vivas, somáticas o culturales (podemos representar esto mediante la imagen de un río que regresaría a su fuente).

El niño crece con la esperanza de lograr que algún día se realice su deseo de amor, la esperanza arraigada de poseer un día al padre del sexo opuesto, de ser el único elegido por él. Esta esperanza determina que el niño otorgue valor a su pequeño mundo familiar, un valor a largo plazo que se funda en la esperanza de llevar en su seno hijos del ser a quien ama o de darle una descendencia, y llegado a los 7 años de edad. debe renunciar a todo lo que lo hizo crecer, a todo lo que le otorgaba un valor a sus experiencias, sacrificar o al menos olvidar el placer dado a su amado. Si no renuncia a ello, se produce una conmoción considerable o si no un bloqueo masivo en la evolución del niño, trastorno irremediable sin un psicoanálisis. Debido a que él se engaña a sí mismo o porque los propios padres lo hacen, ellos fingen que sus instintos no existen, lo tratan como un animal doméstico, y el niño melindrea con sus padres o huye de ellos, sintiéndose culpable por expresar gestual o verbalmente observaciones o juicios con los que ha tomado contacto en lugares ajenos a su hogar. Inestable o muy sometido cuando está en familia, él no crece por la relación con la vida mixta de los compañeros de su edad, ni en la relación con su cuerpo; puede ser muy buen alumno, tener un excelente desarrollo de la memoria, pero de todas formas y de acuerdo a su edad, es un impotente sexual. Su comunicación está trunca, su imaginación, ligada a ese amor incestuoso inconsciente, sigue siendo la de un niño, es decir que, si desea ignorar tanto su deseo en sí como el objeto de su deseo o la ley que le prohíbe para siempre el realizarlo, el resto de la adaptación que pueda estar logrando en apariencia es solo una frágil fachada. Es un impotente sexual, es decir, impotente como creador, y la primera dificultad con que lo enfrente la realidad determina su derrumbe.

Si no adquiere el dominio consciente de la ley que rige la paternidad y las relaciones familiares, cuya ausencia se manifiesta en la carencia de ideas claras acerca de los términos que las expresan, las emociones y los actos de este sujeto están condenados a la confusión y su persona al desorden y al fracaso. Su moral sigue refiriéndose a la época pregenital infantil, en la que el bien y el mal dependían de lo que podía ser o no dicho a mamá o a papá, del "solo sé lo que se me ha enseñado"; el "aparentar" para "agradar" o "no desagradar" constituye el único criterio de su moral. La delincuencia es "inocente", irresponsable, ya que la supervivencia de los deseos incestuosos latentes justifica los roles imaginarios mediante los cuales logra imponer su propia ley en la sociedad. Cuando no se han resuelto a los 7 años, los conflictos edípicos se reactivan con el desarrollo fisiológico de la pubertad, y dan lugar a la culpabilidad y la vergüenza frente a la aparición de los caracteres secundarios visibles; el Edipo resurge entonces con intensidad y conmueve el frágil equilibrio conservado desde la edad de 7 años. Si a los 13 el Edipo no se ha resuelto verdaderamente, se pueden prever graves trastornos sociales a partir de los 18 años, momento en el que la opción por la vida genital y los sentimientos amorosos debieran asumirse con orgullo y buscar socializarse en un medio mixto.

¿Qué quiere decir resolución edípica, palabra que surge siempre en los textos psicoanalíticos y a la que se presenta como la clave del éxito o, por el contrario, de una cierta morbidez psicológica en los seres humanos? Se trata de una aceptación de la ley de prohibición del incesto, de una renuncia, incluso a nivel imaginario, al deseo de contacto corporal genital con el progenitor del sexo complementario y a la rivalidad sexual con el del mismo sexo. Esta aceptación, que coincide por otra parte con la época de la caída de los dientes, es también, de hecho, una aceptación del duelo de la vida imaginaria infantil protegida, ignorante, llamada inocente; se trata también de una eventual aceptación de la muerte posible de los padres, sin culpabilidad mágica al pensar en ella. En el caso en que la pareja de los padres sea equilibrada, quiero decir que esté compuesta por dos individuos sanos psicológica y sexualmente, aun cuando no posean ningún conocimiento consciente de psicología y de psicoanálisis, y quizás sobre todo por eso, todo acontece en forma ordenada en lo que se refiere a los instintos del niño. Las pesadillas o las escenas de oposición de caracteres o de celos de amor que traducen el período crítico de los 7 años cesan, ya no aparecen más los pequeños síntomas que caracterizan la vida de todos los niños en esa época. El niño, en circunstancias favorables, comienza a desinteresarse en forma cortés, pero clara, de la impresión que causa a su padre o a su madre, a despreocuparse por su vida íntima que, hasta el momento en que conoció su sentido (al que su nacimiento y el de sus hermanos y hermanas confirman), estimulaba su curiosidad. Se vuelve mucho más sensible a las condiciones sociales que su filiación le procura, se ocupa más en observar a sus padres en su vida social aparente, con sus relaciones, y transfiere en cierta forma a su conducta con sus mejores camaradas el estilo de compañerismo de sus padres con sus amigos. Se interesa cada vez más, lo demuestre o no, en la vida de los niños de su edad, en su escolaridad, en sus propias ocupaciones personales, y abandona el modo de vida en el que todo giraba para él alrededor del juicio de los adultos sobre su persona, tanto en su hogar como en el mundo exterior. El hecho de que el complejo de Edipo ha sido resuelto se manifiesta en forma indirecta cuando el niño que se desenvuelve bien en el hogar puede desplazar la situación emocional triangular primitiva y situarla en el medio ambiente, en la escuela y en las actividades lúdicas: de entre sus muchos compañeros, puede hacerse dos o tres amigos verdaderos, amistades que todavía. están expuestas a desilusiones que las pongan a prueba. Por el contrario, el niño que no ha resuelto su Edipo sigue estando muy dominado por el ambiente emocional de su relación con el padre o con la madre. Con sus escasos compañeros el niño repite situaciones de pareja o entra en conflicto en situaciones en las que participan muchas personas por crisis de celos de tipo homosexual, idénticos a los celos edípicos aun presentes y que lo corroen. En nuestra época, se puede observar un fenómeno sociológico notable; nos referimos al hecho de que, contrariamente a la prohibición de canibalismo que es conocida en forma consciente por todos, la prohibición del incesto en ·la fratría desapareció a nivel conceptual en el caso de muchos niños; he encontrado varios en los que, a los 12 años, lo mismo había acontecido en relación con la prohibición de consumar el incesto con los progenitores. Se deberían estudiar las causas sociales de este hecho. Los estragos que causa esta falta de ley escrita son considerables ya que la intuición del peligro psicógeno de lo prohibido ha sido barrido en nuestras ciudades por peligros reales de violencia o de chantaje, provenientes del padre provocador perverso, a quien el niño siente todopoderoso, y por el medio ambiente temeroso o ingenuo, que condena la · no sumisión ciega al padre abusivo perverso. Confirmando la universalidad en el inconsciente del complejo de castración, en todos los casos en que existe una ignorancia consciente de la prohibición del incesto, la clínica encuentra la presencia de graves trastornos afectivos y mentales en todos los miembros de la familia. Tampoco en este caso se trata de una herencia fatal, ya que la psicoterapia psicoanalítica, o, mejor aun, un psicoanálisis, permiten que el sujeto, por fin, explicite y resuelva su Edipo.

Volvamos a la situación triangular padre-madre-niño y a su rol determinante en la evolución psicológica. Todo ser humano está marcado por la relación real que tiene con su padre y su madre, por el a priori simbólico que hereda en el momento de su nacimiento, aun antes de abrir los ojos. Así, un niño puede ser esperado como aquel que debe colmar los sentimientos de inferioridad de su padre, que nunca dejó de ser un niño desconsolado por no haber nacido niña, capaz de gestar un ser viviente de la misma forma en que lo había hecho su madre. A tal otra niña se la espera como debiendo ayudar a su madre a repetir la misma situación de dependencia que tuvo con la suya y que superó con muchas dificultades, y colmar la angustia de abandono que experimenta con un marido que ha sido siempre un extraño para ella. Ese niño necesario para su padre o para su madre, está ya, si así puede decirse, herido desde un punto de vista simbólico en su potencia de desarrollo. En resumen, todo niño está marcado por esta situación real. Pero, se nos dirá que hay niños que no tienen padre, o al menos que no lo conocen; y bien, si esta es su situación es a partir de ella que se irán desarrollando, siempre que las palabras que el medio les diga sean las adecuadas acerca de esta ausencia de un representante vivo de la persona paterna o materna junto a ellos. Entre los ejemplos proporcionados por Maud Mannoni y entre muchos otros en los cuales pienso, el rol desestructurante o inhibitorio del desarrollo no depende de la ausencia de los padres (esta ausencia siempre es dolorosa —pero la presencia de ellos también puede serlo—; en todo caso, todo dolor puede ser sano, cuando el niño, habiéndolo reconocido como tal, puede estructurar sus defensas compensadoras). Todas las palabras neurotizantes se originan en las mentiras que impiden que los hechos reales hagan surgir los frutos de la aceptación, a partir de la situación real.

Todo ser humano, por el hecho mismo de su existencia corporizada, posee una imagen del hombre y de la mujer complementarias; él ubica esta imagen en los padres que lo educan y gracias a esta adjudicación de algo imaginario a personas reales él logrará desarrollarse, identificándose con ellas de acuerdo con las posibilidades de su patrimonio genético.

Dichas personas son portadoras también de su aspiración imaginaria, que puede ser identificante, si se trata del padre del mismo sexo, o complementaria, si se trata del padre del sexo opuesto; ahora bien, sentimientos que conciernen a esta imagen y que no pueden ser expresados a la persona real portadora de la misma, deformarán la imagen personal e intuitiva del sujeto. Así, pueden llegar a darse situaciones paradójicas como la de un niño que se desarrolla en una forma invertida, o totalmente neutra, reprimiendo histéricamente su vitalidad genital, por ejemplo, cuando la madre es quien porta la imagen paterna o el padre la imago materna.

Lo importante no es esto; lo importante reside en que el medio que rodea al niño, testigo como él de la situación, pronuncia rara vez las palabras que corresponden a su experiencia infantil. La crítica que él podría hacer al respecto alrededor de los 10 años, se le hace imposible, y vive y se desarrolla, sin saberlo él mismo, en forma caótica, encarnándose en el período preedípico de una manera que, para el momento de la descatectización relativa de la libido a los 7 años, prepara un período de latencia neutro, de seudocastración. Si no media un psicoanálisis, esta situación lo llevará a buscar, en la pubertad, la fijación a una opción de complemento ulterior extrafamiliar, de tipo invertido o indeciso, a buscar personas que no serán en absoluto complementarias de su verdadera naturaleza genital, que se mantuvo confusa. Corre el gran riesgo de escoger personas que, a imagen de las que lo han educado, están polarizadas en forma caótica, y, sobre todo, están genitalizadas en forma solo parcial. Los niños de este tipo se convierten luego en padres abusivos, ya que su Edipo mal resuelto los ha dejado sedientos de una libido de pulsiones no diferenciadas que se manifestarán en una relación de pareja e identificación artificial con su propio niño, o en una reactivación del Edipo, es decir, que se mostrarán celosos del lazo que pueda tener el niño con su cónyuge, hasta el punto de presentar graves síntomas en relación con ello. En ese momento, el niño necesita la solidez de la pareja paterna para que sus fantasías de triunfo edípico fracasen ante la realidad; si no, corre el riesgo de caer más gravemente enfermo de lo que lo estaban su padre o su madre.

En las observaciones que hemos señalado se puede escuchar el siguiente mensaje: "Mi marido no tiene nada de hombre ni de padre, yo tengo que ser todo", o "Ah, me hubiese gustado tanto que mi hijo se pareciese a mi padre", o "Que no sea el hijo de su padre", o si no "No puedo vivir sin mi hermana", "Quiero que mi hija sea como mi hermana, ella tiene que ser su reemplazo", o si no también "Yo que reemplacé a un hermanito que nació muerto antes de mí y cuyo nombre llevo, no puedo saber cómo hay que hacer para ocupar su lugar, nunca sé lo que hay que decir ni hacer. ¿Lo he matado? ¿Quién nació? ¿Quién soy yo? Un semimuerto, tengo derechos a medias", o también "No quiero a este hijo, él representa para mí un hermano que detesto". También: "Mamá es tan desgraciada con papá que yo tengo que seguir siendo su bebé para consolarla, el bebé de la época en que ella y papá se querían, y además, ella tiene tanta necesidad de dedicarse a alguien... Yo tengo que estar enfermo, si no por quién se quedaría ella en casa... Y además, de esta forma yo soy casi su marido, es a mí a quien ella ama y yo no quiero que haya nadie entre mi madre y yo". Cada caso patológico es la mímica de un discurso no verbalizado, que significa la afirmación o la anulación de la dinámica del sujeto por quien se consulta. Los descubrimientos clínicos psicoanalíticos imponen la comprensión dinámica de los trastornos de los niños mediante el análisis de las dificultades en cadena que, en la estructuración edípica, no se remontan a las carencias de los padres, sino a las de los abuelos y en algunos casos, a las de los bisabuelos. No se trata de herencia (de serlo, un psicoanálisis no cambiaría las cosas) sino de una neurosis familiar (despojando a este término de todo sentido peyorativo y conservándolo solo en su sentido dinámico). Se trata de una inmadurez de la líbido, de represiones o perversiones sexuales, fruto de una carencia sucesiva de resoluciones edípicas.

¿Puede este libro aportar a sus lectores nuevas inquietudes, mostrándoles procesos allí donde creían ver un destino fatal? No es imposible, y sería de lamentar que lo fuera, ya que las inquietudes sobre uno mismo suscitan con rapidez un sentimiento de culpabilidad y una búsqueda de recetas rápidas y acomodaticias para modificar las apariencias. Son muchas las familias que viven en un estado de simbiosis mórbida. Sin un psicoanálisis del miembro inductor dominante, no se puede modificar la neurosis familiar. Ahora bien, aun en la actualidad el psicoanálisis es a menudo inaccesible (tiempo, lugar, dinero). Se puede temer que libros que se dirigen a todo público provoquen reacciones imprevistas. De todas maneras, este es siempre un escollo inevitable cuando se habla de psicoanálisis, y sin embargo, pese a ello, es necesario que el público tenga en cuenta estos problemas. Entre los ejemplos citados, es posible que reconozcan su retrato y sufran inútilmente por una situación de hecho sobre la cual no habían reflexionado antes, tanto padres celosos o indiferentes como madres rechazantes o despóticas, parejas mórbidas, prisioneras del absurdo, ancestros cuyo rol es demasiado respetado, abusivo y perverso. Es posible que se sientan culpables cuando en realidad ellos mismos son solo responsables ocasionales, de la misma forma en que el conductor de un vehículo que ha perdido el control a causa de un pinchazo o de un choque puede provocar accidentes. "Los padres comieron uvas verdes y los que se arruinaron los dientes fueron sus hijos." Esta frase ilustra casi todas las historias clínicas de este libro.

Por otra parte, no se debe comprender esta frase en el sentido "la culpa es de los padres", o de este, o de aquel, si no en su sentido verídico que es el de que los padres y los hijos pequeños son participantes dinámicos, no disociados por las resonancias inconscientes de su libido.

El aprendizaje de la libertad en familia y la forma en que se la puede utilizar representa un largo y solitario ejercicio de coraje. Los mismos adultos, y más a menudo de lo que se cree, tienden a orientarse, aun en la edad adulta, en dirección, en contradicción o en relación complementaria (imaginaria o real) con sus propios padres, por su fijación y su dependencia respecto de la generación anterior. No se trata de culpas, sino de hechos.

El psicoanálisis nos enseña que todo acto, aun nefasto, es parte solidaria de un conjunto viviente y que, incluso si son lamentables, un acto o una conducta pueden servir en forma positiva para quien sepa utilizarlos como experiencia. Desgraciadamente, el sentimiento de culpabilidad es fundamental en todos nosotros, y da lugar a inhibiciones que obstaculizan el acceso al único acto liberador, el acceso a una expresión verdadera ante quien sea capaz de oírla. Pueda el libro de Maud Mannoni aportar un testimonio tranquilizante en ese sentido.

VII. *LA SOCIEDAD (LA ESCUELA). SU ROL*
     PATOGENO O PROFILACTICO

Me permitiré formular un deseo: que los psicoanalistas no tengan que vérselas más que con casos referidos a los desór-

denes profundos de la vida simbólica, que se originan antes
de los 4 años, y no con las dificultades de conductas de reacción sanas ante la vida escolar, efectivamente patógena en la
actualidad. Me refiero a las reacciones o crisis caracteriales
sanas de un sujeto, preocupado por resolver dificultades reales
necesarias para su vida emocional personal y familiar y que
momentáneamente, no se interesa en su rol de alumno. En
nuestro país (Francia) y de acuerdo con su sistema, el drama
de los niños se origina en un estilo de instrucción pasiva, con
horarios y programas obsesivos, que no les permiten en absoluto un margen de acceso a la cultura. Se olvida demasiado
a menudo que las lecciones y los deberes representan medios
y no fines en sí.

Son muchos los adultos de valía y creativos, que cono-
cieron en el transcurso de su infancia períodos en los que
su escolaridad no les interesaba en absoluto, en un momento en que su espíritu despierto proseguía momentáneamente otro camino que, en relación con la creatividad de su
devenir social, significaba que su libertad tomaba ya un camino. Son muchos también los trastornos del carácter que se
evitarían si el aprendizaje de los signos que permiten la comunicación cultural, la lectura, la escritura, y luego el de las
combinaciones aritméticas, se produjese después de la con-
quista y el pleno despliegue del lenguaje vehicular hablado
y de la motricidad lúdica libre, totalmente dominada. Las
horcas caudinas de las promociones a un grado superior, ba-
sadas en conocimientos aprendidos y en una edad oficial, que
interfieren unos con otra, representan condiciones de vida
absurdas que se imponen a la expresión de sí mismo; ahora
bien, todo ser humano considera que esta última es una exigencia vital. ¡Cuántas son las energías ahogadas o desperdi-
ciadas sin ningún beneficio y a las que se podría dejar en
libertad con un sistema escolar que confirmaría, en lugar de
impedirlo, el libre acceso a las iniciativas y a las curiosidades
inteligentes de los futuros ciudadanos! Estas los formarían
para un dominio de sí mismos y de sus capacidades, cargados
de sentido en todo momento, y para una organización por y
para sí mismos de los conocimientos y las técnicas, adquiridos
en función de un deseo y no por obligación o por sumisión
perversa al miedo a las sanciones y a los imperativos impersonales.

Yo pido que los jóvenes franceses no sean más esclavos de programas impersonales impuestos, y artificialmente paralelos: tal nivel de cálculo que corresponda a tal nivel de gramática. Pido que la enseñanza de la gramática francesa no comience antes del uso de la lengua perfectamente adquirido para la expresión personal. Que no se contraríe en todo momento el ritmo de interés del niño en función de las limitaciones del tiempo dedicado a tal disciplina o a tal materia. ¿Qué se hace ahora para lograr un despertar a la música, la danza, la escultura, la pintura, la poesía, o para encarar una iniciación a la destreza y a la armonía de las expresiones corporales creativas? La gimnasia también está programada y el desarrollo de los movimientos obedece al imperativo de rendimientos estadísticos; no hay una apertura al sentido de las artes plásticas, al sentido estético de la expresión gráfica o verbal, no se organizan charlas en común en las que todos hablen de lo que les interesa, interesando también a los otros miembros del grupo que escuchan, y que permitan que los niños tomen conciencia de su inserción social personal. ¿Cuántos son los niños que, si se los dejase en libertad de salir y entrar en la clase, permanecerían sentados durante una hora, callados y escuchando, o fingiendo hacerlo? De este modo se falsea el sentido de la verdad del sujeto en sociedad; las energías formidables que un niño puede desarrollar en función de su cultura y su instrucción, si sus motivaciones lo impulsan, son prácticamente ahogadas en nombre del bien de los demás, para ser teóricamente dirigidas, mientras que nada hay que se ocupe de despertar las motivaciones ni la originalidad del sujeto en la búsqueda de su alegría. Al deseo no se lo constriñe. En la actualidad, los niños aceptan cada vez menos esta mentira mutiladora de sus fuerzas vivas y engrosan las filas de disléxicos, discalculadores, y retrasados escolares; pero lo que es grave, es que los padres, entonces, y por su angustia ante el "futuro", intenten imponer la lepra de los deberes obligatorios, de las lecciones devoradas, se jacten de las buenas notas del niño y se depriman ante las malas.

Las firmas mensuales de los boletines nos hacen pensar en el *tiercé*.° Este deseo de los padres, impuesto en nombre

° *Tiercé*: apuesta de carreras de caballos muy difundida en Francia. (*N. del T.*)

de la sociedad (la escuela es la sociedad, el más allá de lo familiar edípico), impide el desprendimiento instintivo de los padres en relación con sus hijos y viceversa, y agrava, de este modo, la anulación de las posibilidades culturales verdaderas ya en su fuente. ¿Por qué nuestro sistema de iniciación del ciudadano a la cultura y a la vida social, quiero decir nuestro sistema escolar, obedece a métodos y a imperativos ajenos por completo a la higiene afectiva y mental de los seres humanos? ¿Por qué niños que a los 3 años son sanos de cuerpo y espíritu —son muchos— se ven tan a menudo traumatizados y empobrecidos en la espontaneidad creadora, esencial para el ser humano, y disfrazados de robots disciplinados y tristes, temerosos ante maestros que deberían estar a su servicio? [3]

¿Por qué, todavía comunicativos y alegres a los 6 años (los hay, y muchos), la "clase" debe obligarlos a callarse, a permanecer inmóviles como cosas o como animales amaestrados y sobre todo enseñarles por la fuerza, en nombre de un programa, lo que aún no sintieron ganas de conocer: la lectura, la escritura, el cálculo? ¿Por qué tienen que pedir a un adulto permiso para aislarse, para salir a satisfacer necesidades naturales que, lo sabemos muy bien, controlarían por sí mismos si la ocupación en la que se encuentran en clase les interesara? ¿Por qué el móvil de todas las actitudes del maestro hacia sus alumnos, por mínimas que sean, y el ejemplo que con ello inculca a todos, no es el sentimiento del valor intangible de la persona humana que está frente a él, original y libre, respetada por sí misma independientemente de su pertenencia a un grupo familiar?

¿Por qué la escuela no representa para todos los niños un lugar de alegría y el refugio donde puedan calmar las tensiones familiares, donde puedan encontrar confianza en sí mismos, y un medio social viviente, una ocupación atractiva? Con o sin padres perturbados, a partir de los 7 años el lugar del niño no está ya en la familia, sino en la sociedad, en la escuela, y ese lugar que ocupa no es de privilegio pero sí es respetado por el solo hecho de que él es un ciudadano. Si se pretende

[3] Estas reflexiones sobre la enseñanza, que van mucho más allá del estudio de Maud Mannoni, expresan la opinión personal de Françoise Dolto. Sin duda, no todos los educadores compartirán esta opinión, pero las convicciones en las que se basa merecen sin duda que reflexionemos sobre ella.

que el niño desee luego asumir con libertad, en el momento adecuado, un justo lugar creador en la sociedad, de acuerdo con sus capacidades, cada uno de los responsables de la administración de la escuela deberá estar al servicio de cada niño, y cada niño percibirlo así.

¿Qué vemos en la realidad? No niños acogidos por la escuela, sino niños sometidos a los engranajes anónimos de una maquinaria administrativa. Se suele decir que la fuerza de los ejércitos se basa en la disciplina, ya que todos sus miembros deben ser irresponsables de la muerte que puedan ocasionar, mediadores del instinto de defensa de un grupo nacional sometido a una jerarquía de mandos, instinto alienado en su jefe por un contrato, a fin de que cada uno pueda preservar en sí mismo la jerarquía estructurada para dar vida y no para quitarla.

En la escuela, sin embargo, la disciplina solo puede surgir en cada niño y por el solo hecho de que focaliza mejor sus deseos sobre aquello que él mismo quiere aprender, y solo se concibe en este caso. Toda disciplina en sí misma es absurda; en lo que se refiere a la disciplina impuesta por un jefe para no perturbar la actividad de los otros, eleva la pasividad estéril al rango de un valor en sí. Basta con observar la forma en que un niño puede abstraerse y jugar solo con algo que lo cautiva, en medio del desorden y del ruido, para darse cuenta en seguida de que, a estos "otros" a quienes se protege, la escuela puede enseñarles a abstraerse de la misma forma en que lo hacen en sus juegos. Los que no pueden aún focalizar sus intereses en clase no se verían privados para siempre de la posibilidad de hacerlo, como ocurre con una disciplina mortífera. En efecto, la escolarización obligatoria, ley genial que podría lograr que a partir de los 3 años todo niño sano se conservase creativo y se desprendiese de sus dificultades edípicas, al proporcionarle un apoyo para sus capacidades de sublimación cotidiana, al apoyar sus intercambios con el grupo y su acceso a la cultura, se convirtió, sin embargo, en una empresa de desritmización, de competencia exhibicionista de mutilados más o menos compensados. Con escasas excepciones, debemos decirlo, la adaptación escolar representa en la actualidad un grave síntoma de neurosis. Ello no quiere decir que la inadaptación represente por sí misma un signo de salud, pero los ciudadanos actuales de valía han surgido de entre los niños y los jóvenes a los que se llama inadaptados. ¿Se mantendrán como tales durante mucho tiempo si la sociedad de los adultos no les ofrece un acceso a la cultura?

Los instintos sanamente humanos de los jóvenes, desprendidos por sí mismos de la obediencia paterna superada, y alejados del entusiasmo por acceder a la cultura, no pueden más que comprometerlos en un gregarismo pulsional fuera de todo marco. ¿Cómo garantizar el reemplazo de los mayores que, al no respetarlos, les inculcan el no respeto por sí mismos y por sus imágenes futuras? En los sectores socialmente favorecidos, el poder adquisitivo de los padres permite el acceso a distracciones más o menos costosas que asumen, en muchos casos y felizmente, un valor cultural. En los medios intelectuales y salvo en los casos de neurosis parental, los valores culturales que representan los intercambios con el medio sirven aun como compensación de la carencia cultural escolar. Pero en los medios de trabajadores manuales, de comerciantes, de funcionarios, ¿qué pueden hacer con sus energías aún no cultivadas niños y niñas que hasta los 16 años están obligados por ley a una escolaridad que no les presenta ningún interés, y quedan al margen de los intercambios que los enriquecerían? ¿Cómo integrarse a una sociedad que les reprocha abiertamente el no haber amado la escuela, los conocimientos librescos, las palabras impersonales de sus maestros, la disciplina pasiva y los juegos sin riesgos?

Puedo hablar así en el prefacio a un libro tan notable, que señala e ilustra el rol del psicoanalista, gracias a que nuestra práctica nos lleva cotidianamente a comprobar efectos neurotizantes de la vida escolar, en niños que han tenido una estructura personal familiar sana y un Edipo vivido sanamente. Los fundamentos de su vida simbólica están bien estructurados, y lo que los conduce al psicoanalista es su creatividad de niños o niñas que han llegado a un estadio de la vida social que no puede canalizarse correctamente, junto con los desórdenes secundarios provocados por la escuela; en algunos casos estos son graves a causa de la angustia de reacción de sus padres.

Si lanzo este grito de alarma es porque estoy convencida del poder emocional de la vida de grupo en un medio cultural, cuando el grupo responde efectivamente al deseo de creatividad y de fecundidad simbólica por los recíprocos canjes interhumanos de los que es capaz un niño a partir de los 7 años, cuando la estructura de su persona se ha desarrollado ya plenamente en el medio parental. También estoy convencida, y tengo pruebas de ello en relación con algunos casos privilegiados, del poder reparador que podría tener en muchos casos la vida de grupo entre los 2 ½ años y los 4 en el caso de niños sometidos en el seno de la familia a influencias mórbidas parentales, y sin que por ello tengan necesariamente que abandonar su medio inicial. Pero para ello se requeriría que el jardín de infantes cumpliese su función y sirviera de prótesis a las imagos sanas de los niños que —en familia— solo encuentran apoyos con carencias.

Es inadmisible que niños de 2½ años a quienes su madre no puede poner en contacto cotidiano con otros niños fuera de la familia, no sean admitidos en el grupo social escolar porque son demasiado pequeños o porque, cualquiera sea su edad, no han adquirido el control de esfínteres, cuando la no adquisición del control corporal representa a esa edad un signo patente de relaciones perturbadas del niño con su madre en el medio familiar. Es inadmisible que no se permita a niños que a los tres años no hablan, o no oyen, entrar libremente en grupos escolares corrientes antes de la edad de la instrucción, que en su caso, en efecto, requerirá métodos específicos. Es inadmisible que todo niño deba ser sometido al aprendizaje de los signos a partir de los 6 años, aunque no posea aún los medios ni el deseo de hacerlo. Es inadmisible que las clases llamadas de perfeccionamiento, con métodos individualizados, no puedan admitir a los inadaptados al aprendizaje antes de los 8 años, cuando se han perdido ya dos de los años más importantes en lo que se refiere al desarrollo verbal y psicomotor, y cuando el sentimiento de no integración al grupo ha socavado el corazón de este niño, a menudo más sensible y vulnerable que aquel al que se considera "inteligente". La adquisición de su autonomía se le hace imposible al niño quebrantado por los engranajes de la escuela y por la pareja de sus padres. El desprendimiento libidinal de la dependencia de los adultos, que estimula la atracción de los niños hacia la sociedad, está trabado porque los maestros son confundidos con los padres. Agradar, no desagradar, tener éxito por ellos y no para sí mismos, no tener motivación personal, todo ello —lo sepan o no— es inculcado perversamente a los niños antes y durante la adolescencia.

El interés por una disciplina cultural compartido ɔon padres y maestros, y el entusiasmo en común por las letras, la matemática, las ciencias, no caben en horarios dementes; lo que sí cabe es el conformismo psitácico eficiente, medio perverso de promoción social que se propone como modelo a todos. No basta con vacunar contra las enfermedades del cuerpo, se debe pensar en vacunar al niño contra la desesperanza y la angustia solitaria, en lugar de dejarlo que se hunda en las arenas movedizas de sus instintos en libertad.

El rol del psicoanalista es el de permitir que un sujeto neurótico o enfermo mental descubra su sentido, y también el de lanzar un grito de alarma ante las carencias de la educación estatal, los métodos e instituciones escolares tan a menudo patógenos, y frente a las carencias y al rol patógeno individuales de muchos padres del mundo al que se llama civilizado. La civilización es un estado que se mantiene sólo mediante el valor de cada uno de sus miembros y el intercambio creador entre ellos. No es necesario que la civilización se mantenga a costa de psicosis y neurosis devastadoras cada vez más precoces.

Se debe organizar un inmenso trabajo de profilaxis mental y este no es el rol de los psicoanalistas; pero este trabajo no puede organizarse sin tener en cuenta los aportes del psicoanálisis al mundo civilizado. ¿Qué se podría hacer a partir de la edad en que se abre la posibilidad de acceso a la cultura (no antes de los 7 años, y con variedades individuales), para abrir el camino a la expresión de los deseos de los niños que comienzan a ir a la escuela, permitirles adquirir la conciencia de su valor personal, inseparable del valor de pertenencia a un grupo en su totalidad, permitirles que se expresen, que intercambien con sus semejantes, sus deseos, sus proyectos de aprendizaje, que expongan sus juicios sobre su escuela, sus maestros, su medio cercano, sus padres, y se autonomicen por el acceso a una instrucción personalmente motivada? La expresión asumida en un clima de confianza, mediante entrevistas libres, da lugar al mismo tiempo a una conciencia de sí mismo y del otro.

¿No podría tener toda escuela uno o muchos psicólogos, sin ningún poder ejecutivo ni legislativo, al servicio exclusivo de las entrevistas libres solicitadas por los alumnos mismos, deseosos de expresar sus esperanzas, sus dificultades, sus dudas, y seguros de que se les escuchará, comprenderá y apoyará, sin que el interlocutor experimente angustia ni tampoco dé muestras de complicidad, para que busquen por sí mismos la solución de sus dificultades?

Para compensar la carencia educativa del ejemplo recibido en familia, la escuela debería dar también una instrucción formadora para la vida en sociedad, y hoy carece de ella.

Quiero decir que los niños civilizados nunca oyen de boca de sus maestros ni de sus padres, que las desconocen o que consideran incorrecto decírselas, la formulación de las leyes naturales que gobiernan a la especie humana: las leyes de la paternidad y de la maternidad legales, las leyes que rigen los instintos naturales y su vida en sociedad, la prohibición del canibalismo, del robo, del asesinato, de la violación y del adulterio. Ahora bien, los niños están sumergidos en una sociedad en la que, salvo el canibalismo, pueden observar todas estas conductas delincuentes.

Nadie les comunica la ley, los derechos y los deberes que sus padres tienen sobre ellos ni los que ellos mismos tienen respecto de sí y de sus padres. Si interrogamos a cualquier niño de 12 años, podemos percibir que cree carecer de derechos cívicos y que considera que está a la merced de todos los chantajes del amor o del abandono, mientras que la legislación no solo ha formulado una declaración de los Derechos del Hombre sino también una sobre los Derechos del Niño. ¿Cuántos son los niños que conocen la posibilidad de recurrir a la ley frente a padres absurdos o que abusan de sus derechos? Nos encontramos ahí en un campo que parece revolucionario y que en efecto lo es, pero que impone, sin embargo, la agravación de los trastornos de la adaptación social precoz y que, en aquellos que están sometidos a los imperativos legales de una vida escolar absurda, lejos de las realidades que el niño de 7 a 15 años considera que valen la pena para dedicarle su tiempo y su coraje, hace surgir el sentimiento lacerante de que se sacrifica su genio creador de hijo de los hombres, de los pobres hombres llamados civilizados que no saben respetar la vida que engendran, que no saben abrir las vías del acceso a la verdad a las generaciones que los seguirán.

Pueda el libro de Maud Mannoni despertar al lector a estos graves problemas.

FRANÇOISE DOLTO

40

PALABRAS PRELIMINARES

Refiero aquí notas breves tomadas al cabo de la *primera consulta*.

En su sequedad misma, ellas resumen una *situación*.

¿Quiénes son estos niños cuyos padres acuden a la consulta en relación con trastornos que van desde las dificultades corrientes hasta manifestaciones psicóticas características?

Niños difíciles, niños alienados, niños en peligro moral, niños rebeldes a todo tratamiento médico ¿quiénes son ustedes, quiénes son sus padres?

Sígame lector, este mundo es también el suyo.

Por lo general, la entrada de los padres con su hijo, en el consultorio del psicoanalista, representa un signo de que se busca la ayuda de un tercero. Testigo de cargo confidente, consejero, al psicoanalista también se lo vive como juez, perseguidor o salvador supremo. El psicoanalista es aquel a quien uno se dirige después de los fracasos, de los sinsabores, de las ilusiones perdidas, aquel en quien uno quiere confiar pero al que también se desea utilizar para atizar querellas personales. Antes que nada es el tercero en cuestión y se desea que tome partido.

La tarea del psicoanalista consiste en no dejarse aprisionar por estos límites. Mediante su presencia, va a ayudar a un sujeto a articular su demanda, a constituirse por la palabra en relación con su historia para desentrañar al fin, a través de un largo camino, un mensaje al que se podrá dar un sentido. El analista no pretende darle un significado a tal o cual trastorno sino que busca confrontar la toma de posición del sujeto a través de su mundo de fantasías con un sistema que es del orden del significante.

El lenguaje estructura un sistema en el que las palabras ocupan un lugar en cierto orden. Lo mismo sucede en lo que se refiere a la idea de parentesco; el sujeto se sitúa en una estirpe, y el lugar que ocupa en ella supone una cierta relación con los diferentes términos de este sistema. Uno de estos términos, el significante Padre, asume en el sistema una importancia que se revelará por el discurso del sujeto. En el mismo, la palabra Padre tendrá sentido, por ejemplo, en relación con la aceptación o el rechazo de un orden establecido y rígido, regido ya por el sentido que este término ha tenido para la madre. Las distintas formas de neurosis o de psicosis se desencadenarán a raíz de accidentes en este registro.

Todo sujeto, entonces, se encuentra inscripto en una estirpe, de acuerdo con ciertas leyes. El análisis nos muestra que su relación con estas leyes asume una significación no solo en su desarrollo, sino también en el tipo de relación que establecerá luego con el prójimo.

Corresponde a Jacques Lacan el mérito de haber desentrañado estos puntos de referencia esenciales de la topología freudiana. De este modo, nos ha permitido entrar en forma orientada en el universo del enfermo. He utilizado estas referencias en mi escucha psicoanalítica. Si pongo de relieve la posición de todo sujeto respecto a la imagen paterna y a la Ley, no lo hago en un contexto normativo e ideológico, sino porque, recordémoslo, el significante paterno ocupa, frente a otros significantes, un cierto lugar en el inconsciente del sujeto, cuyos desórdenes se revelan a nosotros a través de lo que nos es significado a nivel del discurso. La madre, a través de estas líneas, puede aparecer como el único soporte de todas las faltas y de todos los crímenes; sin embargo, se debe tener cuidado de no tomar al pie de la letra, a nivel de lo real, lo que intento desentrañar, a menudo torpemente, como accidentes en una topología abstracta. Lo querramos o no, estamos inscriptos en un cierto sistema de parentesco. La historia de cada uno es función de la forma´ en que cada uno reacciona.

El niño que traen a mi consulta está también situado eη una familia, soporta el peso de la historia de cada uno de sus padres.

En las novelas rosas, todo final feliz se realiza a través del matrimonio y con el nacimiento de muchos hijos; en la vida real, sin embargo, la situación, en algunos casos, es menos optimista: consiste en una nueva entrada en un sistema, con sus leyes, sus vínculos, sus obligaciones. La llegada de un niño plantea un interrogante a ambos padres: así, desde antes mismo de su nacimiento, se estructura ya cierto destino para él.

La primera relación es la que establece con la madre; ella es el primer Otro, en el cual su propio discurso va a asumir un sentido. Esta relación es fundamental, ocupa un lugar definido en un sistema en el que como un juego de ajedrez, el padre aparece, en un lugar no menos determinado. El movimiento de los peones, y su situación uno respecto del otro, nos proporciona la continuación de la historia.

Las mujeres me reprochan a veces el que las reduzca, en mis escritos, a un rol de esclava sometida a la Ley del amo. Todos, seamos quiénes seamos, somos presa de un cierto engranaje. Para que la mecánica funcione, cada uno debe hallarse en un lugar determinado. El ser humano se constituye a través de rebeldías, ilusiones perdidas, aspiraciones desesperadas. Está en movimiento en el interior de un sistema que existe antes de su nacimiento. Choca en la vida con los engranajes políticos, con las exigencias del trabajo, con las reglas jurídicas y sociales.

—Lo que usted dice —se me reprocha—, no deja lugar a la mujer emancipada. Ella está siempre esclavizada.

—¿Y acaso hay lugar para el hombre emancipado? ¿No está él también sometido siempre a alguien o a algo, o en peligro de estarlo?

El sentido de la propia vida ¿no es acaso el poder reencontrarse a sí mismo en una posibilidad de creación, con sus sinsabores, sus luchas, sus desilusiones? Y en toda creación, incluso la más exitosa, en toda superación, aun la más feliz ¿no hay acaso siempre una parte de uno mismo que se siente atrapada por un espejismo, por la búsqueda eterna de una felicidad que se nos escapa? ¿Qué es, en realidad, la felicidad, el amor y la maternidad?

El ser humano se construye a través de estas preguntas y de lo que ellas implican de esperanzas y desesperanzas. No siempre se hace fácil verlo claramente. En las páginas siguientes, se describe una *situación*. Veremos luego cómo extraer de ella un sentido para que el sujeto pueda significarse en relación con ella y consigo mismo.

Siguiendo un método de exposición, quizás objetable, llegaré a una determinada dimensión psicoanalítica a través de 30 casos de primera consulta.

El estudio se realiza en dos niveles diferentes: en el primer capítulo expongo una situación; en el segundo, intento extraer un *sentido* a partir de estos datos. El lector se encuentra ante el plan siguiente:

La situación			*El sentido del síntoma*
Desórdenes escolares	pág.	45	pág. 95
Dificultades caracteriales	„	59	„ 100
Reacciones somáticas	„	77	„ 105
Comienzos de una psicosis	„	88	„ 108

A partir de la aprehensión psicoanalítica de lo que sucede en una primera consulta, se discutirán problemas de actualidad: los tests, el problema escolar, para plantearnos, por último, la pregunta siguiente: ¿Qué sucede en el transcurso de esta primera entrevista con el psicoanalista, qué está en juego en el momento de realizarse esta primera conversación?

1
LA SITUACION

I. DESORDENES ESCOLARES

Un porcentaje elevado de consultas se motiva aparentemente en "trastornos escolares".

Es indudable que existen dificultades escolares de origen puramente pedagógico; de todas maneras, este síntoma recubre casi siempre *otra cosa*. Al no tomar al pie de la letra la demanda de los padres, el psicoanalista permitirá que la puerta se entreabra sobre el campo de la neurosis familiar, oculta e inmovilizada en el síntoma del que el niño se convierte en soporte.

El interrogatorio a los padres, la entrevista con el niño, tienden esencialmente, en un primer momento, a un cuestionamiento del diagnóstico elaborado y proporcionado por la familia.

Siempre me hago la misma pregunta: ¿qué hay de no comunicable en palabras que se fije en un síntoma? Invito al lector a esta investigación. No formulo ninguna conclusión al respecto; solo planteo el problema.

Caso I.

Madame Bernardin[1] me consulta en relación con su hijo de 11 años, incapaz de seguir el nivel de una clase de 8ème.[°]

---

[1] Los apellidos son por supuesto ficticios.

[°] Los grados del ciclo escolar en Francia se numeran en orden decreciente. La escuela elemental abarca desde 12ème a 7ème, y el secundario de 6ème a 1ère, con un último año (*terminale*) de estudios preuniversitarios. (*N. del T.*)

El niño tiene dificultades, especialmente en aritmética. "Fíjese —agrega la madre—; tengo un hermano ingeniero y un hijo como este."

François es objeto de consultas médicas desde la edad de 4 años. La madre intenta saber si le será posible ingresar (al igual que su hermano) en las *Grandes Ecoles*.°

Huérfana de padre a los 14 años, Madame Bernardin se sintió, en su propia infancia, en posición de inferioridad con respecto a sus camaradas. Frágil de salud, había convenido con su madre que los estudios serían nocivos para ella. Estaban reservados al hermano. Siendo muy jovencita, se le había asignado el lugar de "niña de su casa". "Desde la edad de 14 años, yo era ama de casa, mientras mi mamá trabajaba y mi hermano estudiaba."

Se casa ya grande y queda en el hogar materno, sin otra ocupación que los cuidados que brinda a su hijo. Su madre, que interrumpió toda actividad profesional, pretende dirigir por sí sola las tareas hogareñas.

¿Quién es el padre de François? "El modelo de la virtud —me dice la madre— hubiese sido un buen cura tímido."

El único elemento viril que aparece como telón de fondo es esta abuela, de quien la madre de François va a hablar solo a través de lapsus y olvidos.

"Fui educada en un muy buen ambiente nocivo." "Añadí esta palabra porque suena bien junto con ambiente —agrega— pero no tiene sentido porque todo era perfecto."

En realidad, la sombra de la abuela flota sobre la pareja, que se encuentra desposeída de toda autonomía propia. El hijo tiene comienzos difíciles. Las relaciones ansiosas entre madre e hijo dan lugar a un conflicto en lo que concierne al alimento; este conflicto se hace más agudo cuando la madre se siente observada y criticada por su propia madre, convencida de que "ella no sabe desenvolverse".

Desde la aparición del lenguaje, el niño manifiesta dificultades en el plano de la comunicación. Desarrolla un lenguaje propio (bodo = aspiradora) que solo la madre puede comprender. No se aparta nunca de ella. "Tenemos miedo de que le pase algo", me dicen.

° *Grandes Ecoles*: Institutos en los que se imparte una enseñanza de nivel superior al de las universidades y cuyo acceso, dadas las exigencias del examen de ingreso, es muy difícil.

Por otra parte, noto una prohibición de toda libertad motora y educación rígida de la higiene. (El niño se mantiene durante horas sentado en la escupidera para esperar "que ello venga en el momento en que se supone que tenía que venir".)

El niño va a realizar sus primeras tentativas escolares, poco exitosas por otra parte, en este clima de dependencia materna, de no autonomía total. Fracasa al comienzo; ya que no posee ni la edad, ni la maduración requeridas para una asimilación escolar. (La escolaridad a los 4 años la vivía como un sueño materno más que como algo propio.)

¿Qué datos nos proporciona un examen escolar? La *lectura* es una muestra de contrasentidos. Los elementos disléxicos son aparentes, mientras que la ortografía (adquirida más tardíamente) es relativamente correcta.

En *aritmética* el razonamiento es siempre absurdo, y el pánico de no saber, total.

El nivel, intelectual es normal, pero en el discurso del niño no hay lugar para el *yo*. Se trata siempre de *nosotros*. Ese *nosotros* se refiere a "mamá y yo".

"Más vale —agrega el niño— no tener sueños, antes que tener sueños malos."

Todo lo agresivo es condenado. François prefiere ponerse entre paréntesis antes que desagradar a mamá.

La única profesión prevista es la de ingeniero de puentes (es decir, una especie de alienación de su deseo en el sueño materno).

El ideal paterno propuesto por la madre al hijo, es el *tío materno*.

La imagen del padre aparece en segundo plano, no cuenta. Lo único que cuenta, como verdadero tema de preocupación para el niño, son las enfermedades de la madre: "Mamá tiene calambres en los pies, en los brazos, en las manos, se resfría, pobre mamita, y yo que vengo aquí para entristecerla."

¿Qué hacer? Sin duda, se impone una orientación escolar. ¿Pero es verdaderamente tan urgente? (Cabe lamentar que el niño no haya sido examinado antes; se hubiesen podido evitar errores y fracasos.)

¿De qué se trata en realidad?

De una insatisfacción de la madre como hija. "Soy solo

una pobre mujercita." El niño pronuncia estas palabras en eco ("pobre mamita") como para acentuar su indignidad.

A esta madre depresiva, a quien nunca logra satisfacer, intenta ocuparla, al menos, mediante sus fracasos y su conducta fóbica, la que aparece aquí más como la expresión del deseo materno que como una enfermedad propia del niño.

¿Y el padre? Este hombre resignado me confiesa: "Me reprocho el haber dejado a mi hijo en manos de las mujeres, pero no podía pelearme todo el tiempo, la vida hubiese sido un infierno."

Así aparece François, como un niño-juguete, dejado a las mujeres de la casa "para estar tranquilo".

Siendo su escolaridad la expresión del ensueño materno y de una disputa entre dos mujeres, el niño, al igual que el padre, no puede sentirse afectado por nada; esta es su forma de protegerse de conflictos neuróticos serios.

Se sugiere un intento de psicoanálisis. La madre se retracta de inmediato: "Tengo miedo de que todo esto modifique nuestras costumbres."

—¿Y usted, señor, qué piensa?

"Ya se lo he dicho, he renunciado desde hace mucho tiempo. Quiero estar tranquilo, mi mujer es libre."

Libre de hacer lo que quiera con un niño a quien el padre prácticamente no reconoce.

¿Qué puede hacer el analista, más que esperar? Si fuerza en este caso un psicoanálisis, que concierne problemas tan esenciales a nivel de la pareja, se corre el riesgo de que se planteen dificultades de otro tipo.

En lo inmediato, queda al menos la posibilidad de verbalizar al niño [2] (ante los padres) su situación y la significación de sus fracasos escolares.

Surge un atisbo de esperanza en el niño, que se consideraba completamente idiota. Pero también surge una apenas disimulada ansiedad en la madre: "Yo vine para que usted me diese

---

[2] Le explico al niño que sus fracasos no se deben a una deficiencia intelectual. Adquieren sentido en relación con la forma en que creció, protegido contra todo lo vivo por una madre huérfana de padre desde pequeña. "Si mamá hubiese tenido un papá, tendría menos miedo de que su marido se convirtiese en un papá demasiado enojado. La cólera de papá te habría ayudado a convertirte en hombre, en lugar de seguir siendo el bebé que siente los miedos de mamá."

la dirección de una escuela. Me parece que todo esto me va a enfermar de nuevo." "Pero no, mamita, voy a ser buenito, ya vas a ver."

La pareja y el niño salen.

¿Por qué, en efecto, cambiar algo, cuando todo parece estar tan en orden?

Esta es la pregunta que me hago; yo querría rechazarla, exhortar a esta pareja, ¿a qué? ¿A adoptar una conducta que corresponda a mi ética?

No puedo más que callarme y esperar... Quizás un día volverán, y estarán maduros para *escuchar* las palabras del analista.

Caso II

Víctor, 14 años, es el menor de tres hijos. Tiene dificultades escolares desde siempre, y estas se acentuaron en el colegio secundario.

"El mayor —me dice la madre— es digno hijo del padre, es brillante."

"El menor es hijo de su madre, dicen los amigos, y desgraciadamente, yo empecé de todo y no terminé nada."

La hija no tiene problemas y es autónoma. Víctor es difícil, se cree rechazado por su padre. "En realidad, mi marido se reconoce en el mayor y se siente ajeno ante el otro, o más bien, el menor solo le recuerda sus complejos, mientras que el mayor lo adula con sus éxitos."

A pesar de un cociente intelectual superior al promedio, Víctor fracasa en las pruebas escolares. Quiere ser brillante, pero sin que ello le cueste. Rechaza todo esfuerzo, no puede soportar el penar por un ejercicio escolar. De su odio hacia el mayor, conserva para sí la imagen fascinante del alumno brillante. Inconscientemente, se esfuerza por imitar al mayor, a quien rechaza y desprecia. Desearía poder interesar a su padre... Pero el trabajo, si no es más que un medio de seducción, aparece como desprovisto de sentido.

Víctor se imagina que el mundo le es hostil, está en rebeldía contra los adultos. El fracaso escolar es vivido como una injusticia.

¿Pero vale la pena hacer girar todo alrededor del fracaso escolar? ¿No aparece acaso otra cosa?

Gracias a su relación con la madre, el niño se las arregló siempre para no tener que habérselas con la Ley del Padre. El rechaza esta Ley tanto en la competición escolar como en sus relaciones humanas. Se niega a que se lo domine, no soporta que sus actos sean cuestionados. Quiere ser fuerte, sin tener que pasar por la prueba de la debilidad y del no saber.

No soporta la duda y busca el método para paliarla.

¿Un curso de recuperación? Sin duda, pero el niño no hace otra cosa desde el 6ème.

En realidad, mientras no se esclarezca la significación del bloqueo escolar, toda reeducación corre el riesgo de dirigirse en el sentido de las defensas del niño [3] y de acentuar de este modo, curiosamente, las dificultades ligadas al rechazo del sujeto para aceptar las puestas a prueba y la confrontación con los mayores.

Sin embargo, Víctor rechaza toda idea de psicoanálisis. "Es un ataque a mi personalidad."

En realidad, teme que un psicoanálisis provoque la pérdida de sus privilegios, dejándolo de este modo, desarmado ante la adversidad. Por ahora, no hay prácticamente fracaso; el sujeto "abandona" a fin de evitar toda confrontación.

El intenta agotar todas las recetas educativas, utilizar todas las salidas falsas, antes que comprometerse en la prueba de la verdad que constituiría en su caso un psicoanálisis.

En la actualidad el psicoanalista no puede hacer otra cosa que esperar. El sabe que, detrás del espectro del fracaso escolar, se oculta toda la inseguridad de ser de Víctor, la que se expresa en su rebeldía, su oposición. Incluso su desarrollo sexual normal de varón está en peligro, en esta aventura en la que evita sistemáticamente toda confrontación con el Otro, en la que todo deseo queda fijado en el universo cerrado detrás del cual el sujeto se protege.

---

[3] Defensas: son las protecciones psíquicas que el niño utiliza para resguardarse de su verdad. En este caso se trata sobre todo de actitudes de evitación, aceptadas o sugeridas por los padres.

Caso III

La madre consulta acerca de su hijo Nicolas, de 15 años, que ha experimentado un descenso espectacular en su nivel escolar. "Cuando estoy deprimida, lo ayudo en su trabajo, pero él ya no quiere. El drama está en que su padre lo apoya y me vence cuando está presente. Ahora bien, si usted supiese cuán blando, ausente, fatigado, nulo, es su padre..."

En realidad, el descenso del nivel escolar del niño es el eco de un episodio depresivo serio en los dos padres. La incontinencia ha reaparecido. El sujeto está presa de pánico en ese medio cerrado en el que los adultos solo piensan en dejarse morir.

Ha pasado años enteros colmando en vano a su madre de satisfacciones. En la actualidad, "todo en ella se derrumba" y el reproche que formula es el siguiente: "Yo no quería un hijo, temía que eso hiciese morir a mi hermana".

Quince años después, la hermana (brillante) muere efectivamente, y la madre no logra recuperarse de este duelo (expresión inconsciente en el plano de la fantasía de los deseos infantiles de asesinato).

"Mi hermana era una persona muy capaz mientras que yo no tenía ningún don para nada. Cuando mi hermana se sacaba 18 sobre 20, yo me sacaba un 12. Mi hijo no es como mi hermana, no es maduro. Yo tengo el carácter de papá. Yo fracasaba en todo y ella tenía éxito. Se apoderaba de mis temas de conversación. Yo era la menos brillante."

La muerte de la hermana pone a la madre en tal estado de culpabilidad que ya no se reconoce a sí misma el derecho de vivir. "Mi casa es como un cementerio, estamos todos enterrados vivos."

En realidad, Nicolas no abandonó a su madre hasta el duelo de la tía, y no puede soportar la depresión materna.

Al no poder rechazar a su madre, lo que rechaza es el trabajo, vínculo de unión entre ambos.

El acuerdo excelente con el padre (muy enfermo) no basta, sin embargo, para que el niño tenga confianza en sí mismo.

El examen intelectual da un nivel muy superior al promedio, pese a que en el discurso del sujeto aparece una especie de "estupidez neurótica".

Atrapado en el mundo materno, Nicolas vive como en eco

el duelo de la madre. Todo apoyo masculino parece faltarle; en cierta forma, él ha suspendido su vida. Culpabilizado por sus fracasos, no puede emprender nada por cuenta propia. Desea la posibilidad de ir a un colegio pupilo, pero agrega de inmediato: "El pretexto no debe ser la tristeza de mi hogar. ¿Qué sería de mis padres si yo no estuviese ya con ellos?"

Mientras Nicolas sea un objeto de preocupación para sus padres ellos tendrán, en efecto, una razón para vivir. "Mi marido me dice todo el tiempo: todo está acabado, me voy a morir. Yo misma soy un despojo, me aferro a mi hijo."

El problema escolar no es en este caso más que un timbre de alarma que oculta el riesgo de una depresión en un adolescente angustiado por la atmósfera de muerte que flota sobre los vivos.

Solo una separación del medio patógeno, apoyada en un psicoanálisis, puede sacarlo de su situación. En el caso del que hablamos ello es posible, ya que los padres son lo suficientemente conscientes del drama como para atenderse y permitir que su hijo lo haga.

Caso IV

Michaël tiene 19 años, y no logra superar la clase de 1ère, a pesar de un nivel intelectual superior al promedio y una escolaridad sin problemas.

Padre e hijo se llevan muy mal. El padre hubiese deseado que su hijo triunfara en lo que él mismo había fracasado (escuela politécnica, medicina). Y en el momento en que la elección en los estudios parece ser decisiva es cuando el sujeto, curiosamente, fracasa.

"He trabajado sólo por obligación, no sé lo que significa trabajar con ganas."

Sufre por haber desilusionado a su padre. "No puedo actuar de otro modo." En realidad, Michaël se siente muy desvalorizado y solo puede frecuentar jóvenes "fracasados", busca consuelo en el baile, el placer, y las chicas fáciles.

Este muchacho, muy capaz, no puede superar a su padre. Fue demasiado incluido en los ensueños de este como para tener el deseo de hacer algo por sí solo.

Es depresivo, y tiene la impresión de haber perdido la

partida por adelantado. *No desea nada,* ese es su drama. El mundo le parece absurdo, "nada tiene sentido".

En este caso no se trata tanto de un problema de orientación escolar como de una necesidad de ayuda psicoanalítica.[4] La entrevista con el padre permitió que este reconociese la capacidad del hijo. Se bosqueja una esperanza de diálogo, que sustituiría a los vanos ensueños. Este joven va a encontrar con rapidez su propio camino; para ello fue necesario que se lo autorizase y que se sintiese reconocido como sujeto con valores por este hombre a quien él creía detestar, y que, como padre, encarnaba valores esenciales de los cuales él no podía renegar sin renegar de sí mismo.

Caso V / *Negativa a concurrir a la escuela*

Bernadette, 6 años, hija única de madre soltera, se niega bruscamente un día a concurrir a la escuela. "La maestra es mala", repite la niña entre sollozos.

Criada por sus abuelos, Bernadette tiene reacciones fóbicas cuando se encuentra a solas con su madre. Acostumbrada a la vida de campo, se siente perdida en París.

De inteligencia superior a la media (CI 124), y adelantada en la escuela, la niña, sin embargo, tiene tendencia a desarrollar mecanismos disléxicos; las inversiones de sonido son numerosas.

Los tics de la boca aparecen en el transcurso de la entrevista. Las historias que narra la niña giran siempre alrededor de la imagen de una pareja feliz. La ausencia de padre pone a la niña en peligro de ser *devorada.* Rechaza todo aprendizaje "ya que cuando se sabe todo, después está la muerte".[5]

En el caso de Bernadette, la maestra "mala" parece reemplazar a la madre, vivida como mala y peligrosa dada la

---

[4] ¿Ayuda psicoanalítica? ¿Para qué? Para situarse en relación con el mito familiar y descubrir su propio camino, fuera de toda identificación o proyección engañosas.

[5] Este *saber* evoca, en realidad, el conocimiento inconsciente que esta niña parece tener de la situación familiar; reconocida legalmente por su padre, vive con una madre soltera, sin ninguna referencia de aquél que le dio su nombre, pero se negó a asumirla. La muerte que evoca no es otra cosa que el duelo del padre, que se le hace necesario para no morir ella misma en sus posibilidades de realización simbólica.

ausencia de una imagen paterna protectora. (Hasta los 6 años la niña fue educada por una pareja equilibrada de abuelos.)

La niña se siente incómoda en la situación dual [6] que se le propone y, a falta de garantías, se niega a asumir riesgos (riesgos escolares en este caso), se las arregla para no tener que enfrentarse con la Ley.

La intervención del psicoanalista permitió que la madre tomase conciencia del peligro que la acecha si encierra a la hija en su propio mundo de fantasías, y permitió que la niña tomase conciencia de su agresividad (disfrazada de crisis fóbica).

El retorno a la escuela se produjo al cabo de un mes de tratamiento (pero no por ello la cura psicoanalítica se interrumpió).

En efecto, es importante desalojar a la niña en forma definitiva de su mundo fóbico, y permitirle así una evolución autónoma.

Pese a que fue el que dio lugar a la consulta, el factor escolar se borró con rapidez ante los trastornos que había ocultado en un primer momento. Incluso, podemos decir que la niña tuvo la suerte bastante poco frecuente de que se la tomase a tiempo, y pudo así, gracias al psicoanálisis, superar la dislexia de reacción que estaba comenzando a formarse.

En lo que se refiere al problema de la muerte, la niña lo planteó desde el comienzo de la cura. Es necesario aún que pueda afrontar y realizar al mismo tiempo, el duelo de una imagen paterna estructurante. (Lo que puso en peligro a esta niña es el hecho de tener una madre no "marcada" por la Ley del Padre. En la imaginación de Bernadette, eran sus sueños de canibalismo los que traducían peligrosamente el riesgo de poder "hacer cualquier cosa"...)

Caso VI / Decaimiento escolar

Martine, niña inteligente que cursa el 4ème, experimenta un brusco descenso en su nivel escolar. Es la mayor de dos

---

[6] Situación dual: la madre soltera no pudo crearse una vida personal propia ni procurarse intereses culturales o profesionales suficientemente auténticos, que hubiesen podido protegerla del peligro de transformar a su hija en centro único de interés, es decir, en lugar de angustia.

hijas (la menor, brillante, satisface las ambiciones del padre); Martine solo piensa en los deportes. En realidad, inconscientemente, parece tomar partido por la madre en contra de su marido. "Mi marido es un viejo chocho." "No se entiende —dice la hija— cómo pudo casarse con un muchacho como ese."

Hija preferida de la madre, Martine se asocia a ella en contra del padre, descripto como "verdugo". Recién al fin de la consulta, la madre, llorando, me habla de su hija "que hace todo para exasperar a su padre".

Muy capaz intelectualmente, en el transcurso de la entrevista la niña actúa como un eco del discurso de su madre. "Mi padre es un envenenador, grita todo el tiempo, nada cuenta para él, salvo el trabajo. Evidentemente lo único que le interesa es mi hermana."

Sus celos frente a la hermana están apenas disimulados; de la misma forma que su madre, Martine se presenta como una víctima, insensible a los reproches y a los castigos.

El rechazo por el trabajo convive, en este caso, con una situación edípica rechazada (no sin conflictos, ya que la niña menciona sus miedos nocturnos, sus reacciones fóbicas, es decir, toda una situación perturbadora originada en la complicidad madre-hija, relacionándolos con dificultades con su padre).

El psicoanálisis, aceptado por la madre y la niña, reintroduce al padre en la vida de Martine, y esto, en un comienzo, es lo más importante.

El descenso en el rendimiento escolar, también en este caso, es solo la señal de una angustia de adolescente insatisfecha por no poder establecer una relación correcta con su padre. Pedía que se la reconociese, aun a costa de un escándalo.

Caso VII

La madre quiere traerme a su hija Sabine (11 años), amenazada de expulsión. El padre se opone a todo examen.

Acepto ver a la madre, pero no a la niña.

¿Qué datos proporciona esta entrevista?

La niñita presenta tics que se repiten cada 30 segundos; aparecieron hace tres meses como consecuencia de su colocación en un Hogar para niños contra la voluntad del padre.[7]

En realidad, estos tics existen desde la edad de 6 años (fecha en la que el padre abandona el domicilio conyugal como protesta contra una operación realizada sobre otro hijo, sin haberlo consultado).

El regreso del padre al hogar coincide curiosamente con un recrudecimiento de los trastornos de Sabine (negativa a asistir a la escuela y crisis fóbicas graves), lo que lleva a una nueva hospitalización "con el objeto de observar trastornos nerviosos", sin el consentimiento paterno.

A su regreso, y además de sus propios tics, Sabine trae los tics de otros...

Ante este cuadro, escribí al padre para solicitarle su autorización antes de emprender un examen. Su respuesta fue la siguiente: "Le agradezco su carta y aprecio la posición franca que usted adopta en este caso particular.

"Debo decirle que algunas divergencias de puntos de vista con mi mujer, en lo que concierne a lo que ha sido hecho y a lo que queda por hacer para la evolución moral de esta niña, hacen que me vea obligado a rechazar su ofrecimiento de colaboración.

"Considero que corresponde a los padres, y solo a ellos, actuar de manera que un hijo tenga la conducta normal propia de su edad".

La pareja era unida hasta el nacimiento de los niños. Su llegada al mundo señala el comienzo del desacuerdo (dada la imposibilidad de la madre de soportar una situación de a tres, es decir, una situación en la que el padre siga existiendo en la madre a pesar de la presencia de los hijos).

Mme. X ha hecho infelices a los suyos al sustraer a los niños a la autoridad de su marido, valiéndose para ello de todas las complicidades posibles.

Mi carta, como negativa a entrar en el juego de la madre, fue en sí misma una intervención terapéutica.

---

[7] A primera vista, puede parecer aberrante que un padre se niegue a entregar a su hijo a uno de estos Hogares. Pero, viendo las cosas más de cerca, se puede apreciar que este rechazo (en el presente caso) es una forma de sabiduría en un hombre que tiene la intuición justa del peligro que corre su hija de ser utilizada como objeto único de intercambio entre su madre-médica y sus colegas-médicos. Los tics y las fobias son trastornos de reacción ante una situación neurotizante.

¿El padre se ha decidido en contra de una posibilidad de cura psicoanalítica? Por el momento poco importa. Mediante su negativa, se hace presente a la madre y a la hija, y decide llevar a esta última de viaje, lo que en sí ya representa algo importante.

Es posible que más tarde acepte una cura psicoanalítica, si se da cuenta de que ella no atenta contra su autoridad.

Si hubiese comenzado un psicoanálisis, me hubiera convertido en cómplice de la madre. Al tener en cuenta la palabra del padre, permití que cada miembro de la familia tuviese la posibilidad de hallar nuevamente su lugar.

También en este caso, la escolaridad deficiente solo servía para ocultar desórdenes neuróticos de una importancia mucho mayor.

¿Qué nos llama la atención en estos casos de desorden escolar?

El hecho de que la agudeza del síntoma invocado oculta dificultades de un orden diferente. Los padres aportan al psicoanalista un diagnóstico formulado por adelantado. Su angustia comienza en el momento en que se cuestiona este "diagnóstico". Descubren entonces que el síntoma escolar servía para ocultar todos los malentendidos, las mentiras y los rechazos de la verdad.

Hemos apreciado la importancia del rol del padre en la génesis de las dificultades escolares. O bien es excluido por la madre, y el niño se siente en peligro en una situación dual, o si no, la imagen paterna aparece en una situación conflictiva: descorazonado ante la idea de no poder satisfacer al padre, el niño renuncia entonces a todo deseo propio, comprometiéndose así a seguir un camino de abandono y de depresión.

Lo que está en juego no es el síntoma escolar, sino la imposibilidad del niño de desarrollarse con deseos propios, no alienados en las fantasías parentales. Esta alienación en el deseo del Otro se manifiesta mediante una serie de trastornos que van desde las reacciones fóbicas ligeras hasta los trastornos psicóticos.

En realidad, en los casos en que la madre acude a la consulta por un síntoma preciso, acompañado de un diagnóstico seguro, es porque generalmente no desea cambiar en nada el orden establecido. La aventura comienza cuando el analista cuestiona la respuesta parental. A los padres les cuesta perdonarle que no se haga cómplice de su mentira.[8] Es por ello que tan a menudo, y antes que ensayar un psicoanálisis, los padres exigen del psicoanalista direcciones de lugares o gente a quien acudir, y orientaciones urgentes.

Caso VIII / Un disléxico reeducado

Simon fue examinado a la edad de 10 años, por dificultades escolares. (Zurdo contrariado, está en desventaja por una fuerte dislexia y fracasa en la escuela a pesar de un CI elevado.)

Se intentó una reeducación de la ortografía y una reeducación psicomotora, a las que se agregaron sesiones de psicodrama.

El niño conserva el recuerdo de "lecciones de ortografía, de gimnasia y de un juego con un doctor". "Tenía solo tiempo para ir corriendo de la escuela a las lecciones."

—¿Por qué estas lecciones?

"En lo que se refiere a la ortografía voy mejor ahora, pero no fui aceptado en *6ème* cuando tenía la edad adecuada." En la actualidad, a los 14 años, Simon está en *5ème* de orientación y debe, de hecho, renunciar a estudios secundarios normales.

Lo que llama la atención en un examen afectivo atento, es la estructura obsesiva [9] en la que el sujeto parece estar fijado. Todo lo que enuncia lo anula sistemáticamente en el momento siguiente. El niño no tiene deseos, parece estar blindado contra todo sufrimiento y cuestionamiento.

Muy fijado en los padres, no tiene ninguna vida personal fuera de la que ellos organizan para él. Ninguna emoción es traducible en palabras, todo está aislado. Se manifiesta una no conexión constante entre lo que dice y lo que hace.

Toda la gama de las pruebas intelectuales pone el acento en el factor "superdotado"... pero he aquí que "no ha producido nada".

[8] La mentira sobre la cual puede basarse toda una vida es, en cierta forma, la expresión de un desconocimiento.

[9] Estructura rígida, en cuyo interior el sujeto se encuentra obstaculizado para toda expresión libre de sí y de su deseo.

Tenemos derecho a preguntarnos si la indicación de reeducaciones masivas no fue realizada demasiado temprano, y con ellas se reforzaron mecanismos de defensa de tipo obsesivo. En la actualidad, la estructura obsesiva es tan rígida que un psicoanálisis no deseado por el niño podría aportar muy poco.

A los 10 años, se nos dice, el niño tenía "rasgos fóbicos marcados"; hubiese sido conveniente comenzar con un psicoanálisis en ese momento y ocuparse de los síntomas propiamente dichos recién en segundo término. Desgraciadamente, bajo la presión social, el consultante intenta a menudo "ganar tiempo" remediando lo que considera más urgente.

En este caso, debemos comprobar el fracaso de las reeducaciones propiamente dichas: agravaron las defensas del sujeto, aumentaron su inhibición intelectual y llevaron al resultado paradójico siguiente: desembarazado de sus dificultades ortográficas, Simon se bloqueó en su desarrollo intelectual hasta el punto de volverse incapaz para los estudios, pese al ci elevado y a rendimientos exitosos en el plano de la abstracción.

Al reeducar un síntoma que para el niño era una forma de lenguaje, es decir, el único medio a su disposición de expresar sus dificultades, se lo puso en peligro. Sus defensas, entonces, se organizarán de otra forma, a costa, esta vez, de todo despertar intelectual.

II. DIFICULTADES CARACTERIALES

Caso IX

Thierry, de 8 años, acude por "dificultades caracteriales e inadaptación escolar".

Es el segundo de 3 hijos, único varón entre 2 mujeres; de niño fue mimado por su nodriza hasta la edad de 5 años, es decir, hasta el nacimiento de la hermanita. Este nacimiento coincidió desgraciadamente con el regreso al hogar de Thierry. En el momento de la llegada a casa de su madre, se produjo una situación corriente de celos. Sin embargo, la imposibilidad de la madre de soportar la agresividad de su hijo, fijó muy pronto a este en una "maldad" "denunciada" por el adulto. Depresiva desde el nacimiento de la mayor, esta madre (huérfana a los 7 años) no estaba capacitada para tener una familia numerosa, en la medida en que esto le quitaba toda posibilidad de vida profesional. "No estoy capacitada como para ser una mujer de hogar. Me pongo nerviosa, y los chicos 'cobran'."

En realidad, el que se encuentra sobre todo en el centro de las disputas es el niño. Por otra parte, él mismo lo expresa utilizando palabras de su madre: "Cuando yo era chiquito, la que la ligaba era mi hermana, ahora es mi turno".

Los sueños del niño son siempre de tipo persecutorio. Desea ser siempre pequeño "para tener padres menos malos que peguen menos".

Fijado a su madre, Thierry, sin embargo, no puede evitar "hacerla rabiar". Como eco de sus palabras, me dice: "Papá gruñe siempre detrás de mamá y cede todo a los hijos".

En realidad, él intenta deslizarse entre los dos padres, reivindica el lugar de preferencia cerca de la madre y se siente cómodo sólo en la disputa que suscita. Cómodo y desgraciado al mismo tiempo, ya que termina siendo rechazado por todos y desde este momento ya se esfuerza en asumir el aspecto de un "recio" en apariencia.

La pareja parental es unida; huérfanos ambos desde una edad temprana, el matrimonio había representado para ellos, antes que nada, una seguridad dual. Los niños modificaron sus planes.

El psicoanálisis podrá ayudar aquí a un niño angustiado, que comienza, por otra parte, a traducir sus dificultades en el plano de una distorsión gráfica (escritura en espejo).[10]

De una inteligencia superior a la media, Thierry, si no recibe ayuda psicoanalítica, corre el riesgo de convertirse en un rebelde, al mismo tiempo que en un mal alumno.

Caso X / Donde las dificultades de un niño son la expresión de las de una pareja

Lucien viene al mundo después de 24 años de matrimonio. "Necesitaba un hijo —me dice la madre— porque todo era hueco."

---

[10] Escritura en espejo: escritura que reproduce los caracteres en forma semejante a la que se vería reflejada en un espejo.

En realidad, la venida al mundo de un hijo va a darle todos los derechos: a partir de ese día, el marido ya no cuenta. "El niño es cuestión mía, *él* no tiene nada que ver en eso."

Todas las salidas de la pareja terminan. Toda la vida de los padres va a girar alrededor del niño. A partir de ese momento, el padre se siente excluido, casi "expulsado de su casa". La madre se siente muy bien, con un niño que ocupa todos sus momentos y le recuerda sus juegos de niña con su hermanito, que murió cuando ella tenía 12 años.

El niño, de un nivel intelectual superior a la media (CI 125) es completamente arritmado y disminuido en el plano psicomotor. Ligado al padre, no se atreve, sin embargo, a desarrollarse en una forma viril, y se sustrae voluntariamente a todos los intercambios motores que podría tener con él (juegos). Obedece, por miedo, a un ideal materno, gentil, pasivo. "Lo que importa es lo que mamá decide", me dice el niño. Sin embargo, este estado de cosas lo pone en una situación de inseguridad. Lucien busca refugio en una conducta regresiva. Todo le da miedo. "Lo bueno sería no ver ni oír nada de las cosas desagradables."

Lucien es algo así como el premio por el que compite la pareja. La madre presiente el peligro que representaría para ella el análisis del hijo y se opone a él. Lo que desea es guardar para sí sola un juguete al que pueda controlar siempre.

Sin embargo, las reacciones anoréxicas y fóbicas de su hijo la perturban, y también las amenazas de divorcio del marido cansado de la situación.

En este caso, los síntomas del niño son antes que nada la expresión de las dificultades de una pareja y, en especial, de la madre. Al realizar tardíamente su deseo de niña (tener un hijo sin marido), ella crea una situación imposible para todos.

En la entrevista, el analista no puede proceder bruscamente. Solo puede señalar lo absurdo de una situación que se manifiesta en el discurso de la madre, y denunciar sus daños.

Sin embargo, no era esto lo que la madre acudía a buscar, sino que deseaba recibir una opinión que confirmase lo correcto de su posición. Es posible que esté buscando ya otro especialista a quien consultar..., tanta es su necesidad de hallar una garantía para su mentira...

Caso XI

Catherine es una rebelde, dicen los adultos. Se hace echar de todas partes. Tiene 16 años, es arisca, nadie la quiere. En realidad, es una niña abandonada por el padre en su primera infancia. "¡Qué diablos me importan los hijos, voy a tener más en otras partes!" En ese momento, la nenita tenía 5 años...

Cuando era bebé, la mujer que se ocupaba de ella la hacía comer lo que vomitaba, y la ataba para poder hacer mejor su trabajo.

El divorcio de los padres fue seguido por un episodio depresivo en la madre y un cambio de vida total.

Catherine creció en una atmósfera cargada de rencor. Ligada a su padre, lo odia por haber preferido a su hermano [11] y haberla abandonado a una madre depresiva.

"Me hubiese gustado que mi mamá se hubiese casado de nuevo, así me hubiera necesitado menos. Hasta tal punto soy todo para ella que, cuando no está, yo no soy nada, malogro todo lo que hago."

De una inteligencia superior a la media, esta joven está descorazonada, sin fuerzas, y por identificación con la madre, vive el abandono de esta.

En cierta manera, este divorcio la ha dejado huérfana: perdió al mismo tiempo una imagen paterna y una imagen materna estructurante; simultáneamente, se vio privada de la compañía de un hermano dinámico.

Reivindicativa, insatisfecha, Catherine no se integra en ningún lugar y se las arregla para ser siempre expulsada y detestada.

Solo una ayuda psicoanalítica puede solucionar el problema de un sujeto alienado en la historia de la madre y que, en cierta forma, repite una situación de abandono vivida ya en otra generación.

---

[11] La tenencia del hermano, en efecto, fue confiada al padre, que la solicitó, y a la hija, como mujer, se la dejó a cargo de una madre neurópata. Catherine tiene desde entonces la impresión de que su abandono se debe a su condición de mujer.

Simón tiene 13 años, roba, y fracasa en el examen de ingreso en 6*ème.*

Es el mayor de tres hijos; su padre es un hombre de gran valor y hace mucho por su país (nuevo Estado que logró la independencia), pero el niño no participa en nada de lo que podría entusiasmar a un joven de esta edad (la revolución ganada, la adquisición de la estabilidad política, el país a construir). No, él forma parte de una banda "que se tuesta al sol y corre detrás de las putas". "Atacamos y robamos para divertirnos."

El padre ignora la conducta de su hijo; la madre, en efecto, intenta ocultar, camuflar sus fechorías, y él, de este modo, mide su poder.

Un día se desencadena el drama; el padre se entera de todo y decide enviar al hijo a Europa, para lograr que escape al contagio moral de un grupo de adolescentes descarriados. El nivel intelectual de Simón es muy mediocre. Tiene una parte falsa de "adulto" bastante llamativa, y su honestidad es muy desconcertante. "Cuando me aburro, destrozo faroles. Nada me interesa, salvo las chicas, el baile, el cine." Busca todo el tiempo la complicidad de la madre. "Ah, si un día yo lograse robar un banco sin que me agarraran." Detrás de todo esto nos encontramos con la confusión de un adolescente insatisfecho por lograr burlar de este modo a su padre, y por carecer de una presencia paterna.

En la medida en que la madre no supo hacer intervenir en su discurso el *nombre del padre,* el niño va a desarrollarse en la identificación con una madre abandonada, en lugar de mostrarse como un digno hijo de un padre valiente.

Se aconsejó un psicoanálisis, así como un alejamiento del país. El pronóstico, sin embargo, es reservado: 13 años, un nivel de 7*ème,* un estilo de vida falso de adulto, la negativa a todo tipo de esfuerzos y un muy relativo deseo de encarar un psicoanálisis. Consciente del peligro que corre su hijo, el padre, sin embargo, deja que su esposa tome las riendas; para su propia paz, necesitaba escapar a toda confrontación con una verdad penosa.

El adolescente en peligro moral, el delincuente, han sido siempre en algún momento niños difíciles. La crisis, que en un comienzo es de carácter, puede ser solo la expresión de un malestar en la fraternidad (celos, incomprensión) o de un malentendido con los padres. Malestar y malentendido pueden acentuarse si no se los comprende, y traducirse en distorsiones escolares, y luego en conductas agresivas.

Es frecuente observar a nivel de la pareja parental una falta de presencia paterna. La presencia real del padre no es indispensable, pero lo que sí parece serlo es la presencia del padre en el discurso de la madre. Cuando el padre no es Ley para la madre, cuando esta no lo estima o no lo respeta en grado suficiente, observamos siempre los efectos a nivel del niño, en especial en el varón. El se introduce en este juego de discordia parental o de complicidad materna; impone por lo general la Ley a su madre (por identificación con ella), tomando así el camino de las inversiones, de las fobias o de la delincuencia.

Insatisfecho, poco seguro de sí mismo, habiendo renunciado a la verdadera competición y deseoso de mantener todas las ventajas de la infancia (ligazón edípica no resuelta) y de no tener ninguna obligación de adulto, aunque sí todos los derechos, el sujeto emprende entonces un camino que lo aleja de lo social y da lugar a castigos y reprimendas. Esta situación, sin embargo, es progresiva, y son múltiples las ocasiones que aún quedan para intervenir a tiempo, a fin de salvar lo que por el momento no es más que un niño desorientado y desgraciado.

Caso XIII / Celos hacia un hermano menor

Emilie, 9 años, la mayor de tres hermanos, es descripta como inestable, mala, exigente, bulímica. Ha llevado a cabo una tentativa de estrangulamiento de su hermanita (3 años).

A consecuencia de dificultades en el alojamiento, esta niña no ha dormido nunca en la casa, porque no hay lugar. Recién en el momento del nacimiento del tercer hijo Emilie pudo regresar al hogar, al producirse una mudanza.

Desde un primer momento, tiene antipatía hacia el bebé,

que le recuerda confusamente el nacimiento del hermanito (2 años) que originó su partida de la casa.

La no aceptación de los menores fue estimulada por la abuela paterna. Esta nunca le perdonó a su nuera el tener muchos hijos y verse así en la obligación de repartir "los bienes" de la familia. Más vale, repetía, "cuidar vacas que niños".

De este modo, y desde muy pequeña, Emilie fue el objeto de la discordia entre los adultos, y regresa al hogar a la edad de 6 años como enemiga de la madre.

De inteligencia normal, la niña es nula en la escuela. Lo que se manifiesta sobre todo en el transcurso de la consulta, es su deseo de seguir siendo "pequeña para poder ser muy mimada". Además, tiene "miedo a los trenes que pueden cortarlo a uno en dos pedazos". "Miedo de crecer, ya que ello trae la muerte."

Le es imposible situarse en el presente o en el futuro. "No estaría mal que pudiese convertirme en una persona de bien como la que no puedo ser."

¿Emilie mala? No. ¿Peligrosa? Es posible.

Antes que nada, se trata de una niña insatisfecha a la que se separó demasiado pronto de su madre. Sus celos, "utilizados" por la familia del padre, se convirtieron en su única posibilidad de comunicación. Emilie muerde, araña, protesta, estrangula; en realidad, intenta ser el único bebé de la madre y eliminar, al mismo tiempo, la imagen del padre.

Le guarda rencor a la pareja parental, a quien cree detestar, pero a la que, en realidad, intenta amar (sin embargo, careció de la posibilidad de vivir en forma correcta su Edipo). Solo un psicoanálisis puede ayudar aquí a una niña en peligro de que la rechacen su familia y la sociedad.

Caso XIV

Pierre, 7 años, solo piensa en "matar" a su hermano... Es el mayor de tres hermanos, y se siente desdichado en la casa y en la escuela. Tiene en todas partes reacciones persecutorias. Esta persecución se traduce en los sueños, en los que se ve "corneado por los toros, atropellado por caballos".

La presencia de los hermanos menores le molesta en todas sus actividades. Solicita un cuarto para él solo. "Quiero estar tranquilo, no me gusta que me sigan a todas partes. Detesto que se toquen mis cosas."

En realidad, Pierre encuentra un apoyo para sus reivindicaciones en su abuelo paterno. Para él, es "su único nieto". Los otros chicos no cuentan en absoluto. En casa de los abuelos Pierre es rey. "Yo soy —dice— el hijo del abuelo"... es decir, hijo edípico de una madre muy ligada aún a su propio padre...

La confusión de Pierre, la inseguridad que experimenta respecto de su padre son solo, en realidad, expresiones de la inquietud materna. "No puedo hacer otra cosa que comparar a mi marido con mi padre, y el que cuenta para mí es mi padre."

A consecuencia de ello, el niño es sometido a la palabra del abuelo, que es Ley para la madre, pero rechaza con pánico la del padre. "Es por culpa de él que me rompí la pierna, es él quien me dice que haga cosas peligrosas."

El primer efecto de un psicoanálisis sería el de esclarecer el propio conflicto de la madre alrededor de la figura del marido y del padre; de esta forma, se ayudaría al niño a situarse correctamente en una situación edípica confusa a causa de la culpabilidad de la madre, que no se siente con derechos propios en su hogar, ni con el de dejar que su marido sea el amo de la casa.

Mediante el deseo de muerte de sus hermanos menores, Pierre expresa en su forma más acabada su rechazo por la pareja parental, es decir, el rechazo inconsciente de la madre por su propio matrimonio.

Pierre es el niño que la madre hubiese deseado tener cuando era chica... Este niño, surgido de un sueño, no puede menos que enfrentar una realidad perturbadora...

En el momento del nacimiento de un hermano menor, todo niño experimenta celos que en sí no tienen nada de patológico. Los celos, por lo general, no son más que la expresión de un sentimiento interior de peligro ante mecanismos de identificación (que lo impulsan, ya sea a renunciar a sus progresos para regresar al nivel de bebé, o si no, a sentir la amenaza de que se lo coman, así como su madre lo es por el bebé). El niño, angustiado, reacciona entonces mediante mecanismos de defensa que lo llevan a mostrarse agresivo (se trata en realidad de una protección narcisista del sujeto, que lucha por su derecho a vivir).

Una actitud comprensiva del medio ayuda al niño a superar esta dificultad, a franquear una etapa necesaria para su formación de ser social.

Pero sucede que los sentimientos de celos corresponden a dificultades no resueltas de uno de los padres. A partir de ese momento, el niño abandona la experiencia normal de un conflicto de celos y entra en el campo patológico. El expresa, entonces, en forma violenta, lo que en la madre se ha mantenido como "inconfesable". Lo que el niño hará explotar, creando el pánico en el mundo adulto, es lo inconfesable, lo no sublimable.

Caso XV / Conducta asocial

Christian tiene 10 años. Es el mayor de tres hijos. "Hace daño a propósito y pone a los chicos en peligro. Muerde al maestro, y también a sus compañeros. Ya lo echaron tres veces de la escuela ..."

Lo que desde un primer momento llama la atención en la consulta examinatoria, es la consternación del padre y la expresión divertida de la madre, "a quien todo esto divierte mucho".

Las condiciones de alojamiento son malas, y el niño las padece.

De una inteligencia francamente superior a la media, Christian oculta detrás de su dureza una sensibilidad a flor de piel. Se pelea con todos sus amigos; es susceptible, se siente perseguido, se diría que está continuamente al acecho del mal que pudieran hacerle.

En realidad, Christian sufre por una inseguridad materna total. La madre, poco inteligente, interviene en las peleas de los niños y envenena una situación que, de no ser por ella, se arreglaría por sí sola.

Solo el padre apoya al niño. Pero este, en sus pesadillas, ve al brazo del hermano convertirse en un instrumento amenazante, y en otros momentos tiene la impresión de que se lo arroja a una caverna.

Christian no quiere crecer. "Cuando uno crece, le niegan todo."

Inconsciente de sus fechorías, nunca siente como propio el mal que puede hacer. El niño se aísla y desarrolla temas persecutorios.

Solo un psicoanálisis puede detener el avance de esta conducta asocial y lograr así efectos felices antes de que entre el niño y el mundo adulto se instale, en forma definitiva, un desentendimiento. Christian, en efecto, aparece sobre todo como un enfermo. Sus relaciones con su madre son del tipo "abandónico"; reclama y exige un vínculo afectivo que nunca ha podido existir a causa de la carencia materna.

Las dificultades entre hermanos se han convertido en un drama a causa del intervencionismo adulto, causante de esta situación de "hermanos enemigos", que favoreció en el mayor la eclosión de sentimientos persecutorios.

Caso XVI

Etienne, 10 años, es el mayor de cuatro hijos.

"Le lastima la cara a su hermano, le rompe el brazo a su hermana, pone a los otros en peligro. Roba, se masturba abiertamente."

De inteligencia superior a la media, Etienne habla solo de *fatiga*. Sueña con un chalet en el que tendría muchos animales. Sueña con el mar, con el sol. En realidad, busca sobre todo evadirse de una atmósfera familiar nefasta. Odia a su madre hasta el punto de negarse a servirle agua en la mesa, mientras que al padre le trae el vino. Sin embargo, no se trata más que de un largo desentendimiento. Es una madre perfeccionista [12] que se enfrentó a su hijo mayor para imponerle sus deseos. ¿El quiere salir a dar una vuelta en bicicleta? Ella le propone un trabajo en el campo. ¿Busca soledad? Ella invita a un grupo de chicos.

Etienne se siente entonces ante una imposibilidad total de hacer cualquier cosa; todo proyecto aborta, incluso antes de haber podido madurar.

A partir de estos hechos, él se desarrollará en esta modalidad persecutoria, y su maldad no es más que la expresión

---

[12] Madre perfeccionista: busca la perfección en los menores detalles, de manera tal que el niño no se siente ya dueño de sus actos y abandona su dirección al Otro "que se supone que sabe".

de una defensa contra una imagen materna vivida como obstáculo a toda posibilidad de evolución viril.

Lo que llama la atención en ambos casos es el contenido neurótico de una conducta que (sin intervención psicoanalítica) corre el riesgo de fijarse en el carácter asocial que el adulto le habrá dado. Si se denuncia la maldad de este tipo de niños, no se hace más que aumentar un sistema de defensas que representa para ellos una protección narcisista contra una agresión adulta considerada peligrosa.

A quien estos niños guardan rencor es a la madre. Al no haber podido encontrar las palabras para expresar su sed de amor, intentan bosquejar el diálogo mediante actos destructores...

Caso XVII

Denis, 9 años, el mayor de 2 hijos, roba, incendia, rompe los muebles, se hace expulsar de todas partes...

Pareja desunida. El padre dice al niño: "Las mujeres están hechas para comerse a los hombres, no te cases nunca". Y la madre toma a Denis como testigo de su infortunio: "Papá nunca nos quiere sacar a pasear". El niño se ve capturado entre los dos, y hace reproches a veces a uno, a veces a otro, utilizando palabras de adulto.

De inteligencia superior a la media, Denis desea solo una cosa: volver a ser muy pequeño y escapar a la tristeza del mundo adulto. "Si hubiese un hada, le pediría que los padres fuesen amables entre sí."

Confidente del padre, el niño se niega a toda identificación masculina. Es hipersensible, y se siente culpable de la situación que se le hace vivir a la madre: busca a cualquier precio una evasión.

En este caso, la delincuencia es solo la expresión de un malestar.

Solo un psicoanálisis puede ayudar al niño a tener una evolución autónoma, a albergar deseos propios no alienados en los de los adultos.

Caso XVIII

Antoine, 15 años, incendió la fábrica de su padre. Es el segundo de 3 hijos, y desde pequeño se vio enredado en dramas familiares de los que fue el premio al vencedor. Rechazado por la familia del padre como "hijo de la madre", y en contacto con un padre que se considera fracasado, se ha encerrado en sí mismo, se ha vuelto taciturno. Los fracasos escolares acrecentaron el carácter depresivo del sujeto. "Yo incendié así como también hubiese podido suicidarme, matarme."

Es un sujeto inteligente, del cual se puede temer una evolución psicópata.

Todos estos niños que tienen conductas asociales precoces no son perversos [13]; son seres cuya evolución se ve comprometida por una situación familiar nociva que les impide vivir en forma correcta su Edipo. Identificados sucesivamente con el padre o con la madre "víctimas", en un momento dado solo disponen de la violencia para escapar al peligro de convertirse, a su vez, en "víctimas" o "fracasados".

Lo que caracteriza a estos sujetos es la negativa a evolucionar en el sentido del devenir de su sexo. La imagen materna es siempre eminentemente castradora, hay una carencia afectiva total en los intercambios madre-hijo.

Lo que crea trastornos graves no es la falta de unión del hogar, sino el carácter patógeno de uno de los dos padres, que refuerza, así, una situación real penosa e introduce algo insostenible que crea pánico en el niño y la huida en un *acting out* [14] suicida o asesino.

El sujeto busca en una acción el medio para salir de una angustia, debido a que, en un momento dado, carece en absoluto de toda referencia identificatoria; actúa como si, llegado a un límite, necesitase este estallido para poder luego hablar

---

[13] Un perverso es alguien que se sitúa en una forma determinada en una estructura psicopatológica. Lo que se manifiesta en un análisis es la posición del sujeto en una relación fantasiosa en la que busca convertirse en objeto y dar lo que no tiene. La construcción perversa se organiza alrededor del significante falo, que está presente como símbolo del deseo materno.

[14] *Acting out*: puesta en acción de una expresión verbal que no ha hallado los medios para formularse o hacerse oír.

y hacer intervenir a ese tercero que parece haberle faltado siempre (en los casos XVII y XVIII el niño, a partir del acto incendiario, y por intermedio de la consulta psicoanalítica, logró plantear su problema a padres hasta ese momento inconscientes del drama que se estaba desarrollando).

Caso XIX / El delincuente

Samuel, 15 años, padres divorciados. Roba, provoca a la policía. Se hace expulsar de los establecimientos escolares. Fracasó en el CEP.° Desde entonces, lleva siempre consigo sevillanas y se disfraza de mujer. "Solo me gustan los vagos, yo prefiero no hacer nada."

¿Sus recuerdos de infancia?

"Tengo solo uno —eso de la infancia es un embuste—. A los 9 años estaba de vacaciones con mi madre, ella había ido con su amante. Cuando mi padre venía a vernos el fin de semana, el amante desaparecía y yo oía a la portera cantar 'El cornudo sube'; nunca se lo perdoné. Si algún día vuelvo a verlo, lo mataré."

El desprecio de su madre hacia su padre es el tema alrededor del cual Samuel cristalizó todo, llegando incluso a identificarse con esta madre odiada, despreciando a su vez, y para vengarse, a la autoridad.

En realidad, Samuel ha sido siempre un niño malquerido, protegido por un padre que no representaba Ley en su casa. "Yo podría reventar —dice—, nadie lo lamentaría."

Detrás, se perfila la sombra del hermano menor, niño tranquilo y bueno a quien todos aman... Samuel no puede aguantarlo, y lo odia por ser el preferido de la madre.

Bien dotado intelectualmente, este adolescente se sabotea, en todos los ejercicios escolares, como si lo único que desease fuese el fracaso. Muy sensible, se encuentra en un estado perpetuo de rebeldía y de persecución.

El papel de su delincuencia es el de señalar al mundo su condición de malquerido.

En el momento presente, se niega a toda posibilidad de psicoanálisis. "Todas son tonterías, el mundo es tonto y yo

---

° CEP: Certificat d'études primaires (certificado de estudios primarios). (N. del T.)

quiero *decírselos"...* explica, utilizando en la expresión real términos soeces.

Estas palabras, que él no puede decir, las traduce en sus actos.[15]

Caso XX

René, 15 años, expulsado de varios institutos donde estuvo pupilo y ex pensionista de un IMP°, "rompe todo en casa, roba, le gustaría incendiar todo y nos pega".

El padre reacciona ante esta conducta con episodios depresivos.

Una hermana ha abandonado el hogar. "Nos volvemos todos locos cuando él está." La madrastra amenaza con divorciarse.[16]

A los 3 años, René, el menor de tres hermanos, pierde a su madre. Hasta los 8 años lo educan una serie de sirvientas y de tías. "El era tan duro que nadie lo quería." Y entonces comienza la ronda de las consultas psiquiátricas. A los 8 años, permanencia de varios meses en el asilo en la sección de hombres. A los 9 años, estadía en un hospital que lo dirige a un IMP, el que, a su vez, lo envía a otro, etcétera. A los 15 años, se lo devuelve a su familia.

¿Qué hacer? No se plantea la posibilidad de un psicoanálisis. "Los psiquiatras, los conozco, y no le diré una sola palabra."

La única salida inmediata para este chico es la posibilidad de una formación profesional, y que él sepa que el día que tenga necesidad de que se lo escuche, estaremos dispuestos a oírlo.

Actualmente, René siente al mundo adulto coaligado contra él. Experimenta la necesidad de ponerlo a prueba y de medir así cuál es el límite que puede alcanzar el amor del otro hacia él.

¿La depresión del padre, el pánico de la madrastra, la huida de la hermana, la rebeldía de los educadores? Todo constituye, en cierta forma, la expresión misma de la queja del adolescente: "Fíjense lo que ha hecho mi madre de mí al abandonarme cuando yo tenía 3 años."

[15] El diagnóstico es sombrío, en la medida en que el niño se niega a toda investigación analítica.

° Institut Médico-Pédagogique. (*N. del T.*)

[16] Ella se casó con el padre de René cuando este tenía 8 años.

Mientras haya un Otro al que pueda situar en un estado de inquietud, René continuará con esas conductas:...

Quizá la situación cambie el día en que esté solo y sea responsable de su trabajo y de su ganancia, aunque podamos prever que las relaciones de dependencia serán complicadas.

¿Quizá René se vuelva realmente un delincuente? Un psicoanalista está en muy mala posición para ayudar a un sujeto que pasó por varios institutos en los que había un equipo de educadores y psiquiatras.

El psicoanálisis hubiese debido comenzar antes de los 8 años. Quizás incluso a los 3 años, a la edad en que surgieron los trastornos.

He citado aquí toda una gama de trastornos que van desde la dificultad caracterológica simple hasta la delincuencia caracterizada. En algunos casos, un exceso de malentendidos puede convertir a un neurótico que pide ayuda en un delincuente que la rechaza.

Cuando el síntoma se ha convertido en la única posibilidad de comunicación del sujeto, este se aferra a él. El síntoma se convierte en su lenguaje, y él intenta que se lo reconozca como tal. O, más bien, está decidido a ofrecer solo una máscara cerrada, impenetrable, indescifrable para quien no posea su secreto.

Caso XXI / Niña perversa

Emilienne tiene 5 años.

"No podemos tenerla en casa. Hace desaparecer todas las joyas de su madre, rompió abrigos de pieles, papeles del auto, y cédulas de identidad, destrozó aparatos fotográficos. En el lapso de un año se calcula que los destrozos que hizo esta niña son de alrededor de diez mil francos." °

La madre es obsesiva, y educó a la niña higiénicamente, sin ningún contacto afectivo. Deseó *un* marido, para tener *un* hijo, conservando siempre *un* trabajo brillante.

Hasta que ella cumplió 4 años, dice la madre, "olvidábamos que teníamos un hijo". A la niña, en efecto, la habían "prestado" a una amiga íntima de la madre, y luego "retomado" después de una disputa con ella. En realidad, se trataba de

° Cerca de 3.000.000 de pesos. (*N. del T.*)

relaciones homosexuales inconscientes, lo que determinó que la disputa fuese muy violenta.

La imagen paterna no cuenta: en los primeros años, el padre intenta vanamente oponerse a que la niña esté todo el tiempo en casa de la amiga de la madre, y tanto más cuanto que esta lo despreciaba, al igual que a todo ser de sexo masculino.

A la edad de 4 años, ya no se "presta" a la niña, que reemplaza entonces en el lecho al marido. "La necesito para que me dé calor."

La niña es aceptada, como cosa excepcional, en su rol de animal, pero rechazada como objeto de ternura. La madre no puede experimentar ternura, de la misma forma en que es ajena a toda sexualidad: "De tanto en tanto tenemos relaciones; me abstendría con gusto de ellas".

El único amor de la madre son las *flores*; fue en el momento en que la niña comenzó a romperlas cuando se comenzó a considerar la posibilidad de internarla como pupila.

Emilienne no es desdichada; muy inteligente, se regodea en ver "el efecto de las fechorías que hago"... Siempre actúa con mucha habilidad, nunca se la pudo pescar in fraganti.

El psicoanálisis emprendido fue interrumpido por la madre al cabo de 3 sesiones. ¿Por qué?

Ella había encargado a Emilienne que me trajese su ofrenda (flores). Desde un primer momento, la niña fue el instrumento utilizado por la madre para seducirme.

Cuando le señalé a la madre que la niñita, al parecer, no acudía en nombre propio (tenía hacia mí una actitud más bien negativa), sino alienada en el presente materno, lo que hacía imposible toda expresión de palabra auténtica, las entrevistas se interrumpieron. La niña fue "colocada" en una Institución.

Emilienne intenta comunicar su propio mensaje a través de empresas sistemáticas de destrucción, debido a que se siente abolida en el plano simbólico, es decir, en el mensaje mismo que ella puede dar.

En cierta forma, se le niega toda existencia de sujeto. Para la madre la niña tiene sentido solo si le sirve para sus propios deseos.

Emilienne, encantadora mujercita de 5 años, conserva, en el

fondo de sus mentiras, una calma y una seguridad que el delincuente no posee.

Con muchas dotes intelectuales, se convierte con rapidez en una alumna modelo. No se la puede reintegrar ni siquiera durante un día al medio familiar, a riesgo de que se reinicie la empresa de destrucción.

Caso XXII / Fobia

Christian, 5 años, no puede estar lejos de su madre, se siente presa del pánico desde el momento en que ella se separa de él. Ahora bien, lo que me llama la atención desde un primer momento es hasta qué punto esta conducta fóbica es *inducida* por la madre. Antes de entrar en la consulta, le dice: "Te vas a quedar solo mientras yo voy a hablar con la señora. No tengas miedo, corazoncito, no vendrá nadie malo".

Gritos del niño, muy tranquilo hasta ese momento.

Cuando era bebé, Christian solía vomitar con frecuencia. Luego se lo confió a una nodriza poco afectiva, que no hablaba. Cuando a los 4 ½ años su madre lo retoma, el niño muestra un serio retraso de lenguaje. En la plaza, se niega a jugar con los chicos. "Usted comprenderá, le gusta pelearse, pero yo no quiero."

El padre del niño ha sido marcado, en su juventud, por un drama familiar del que no quiere hablar. Vive solo para su trabajo, es taciturno, y sin amigos.

La madre tiene desmayos desde la edad de 15 años. No tiene ninguna amiga, el matrimonio la aisló de todos.

El niño se tranquilizó; cuando acompaño a la madre a la sala de espera, lo veo leyendo revistas que le dio la secretaria.

Le pido a Christian que me siga para charlar con él. Se levanta sin problemas, y en ese momento interviene nuevamente la madre: "Ve, angelito, Jesucito, no te van a poner ninguna inyección".

Gritos del niño.

Sin haber examinado al sujeto, puedo registrar ya un tipo muy particular de relación madre-hijo: lo que sumerge al niño en una angustia repentina son las fantasías de agresión de la madre. Esto da lugar a una fusión con la madre peligrosa, para evitar toda amenaza.

En el transcurso de la entrevista, Christian me informa que él es enurésico.

—¿Eso te molesta?

"Es mamá la que se ocupa, no yo."

El niño admira a su padre, pero este aparece como demasiado lejano, y Christian se da perfectamente cuenta de que él atañe solo a la madre.

Todas las figuras femeninas del TAT [17] son vistas como malas, "ya que están contra los chicos y contra la pelea".

La naturaleza del peligro prácticamente llega hasta la conciencia del sujeto. El desea crecer y convertirse en amo de su sexo, si se le da la posibilidad de hacerlo.

Un psicoanálisis puede ayudar al niño en un decolaje que se ha hecho imposible debido a la actitud hiperansiosa de la madre.

Mediante su síntoma, el niño expresa en una forma bastante clara la ansiedad materna. Podemos incluso verlo al intercambiar el sentido de aquella frase: "mi sexo es asunto de mamá y no mío". Esta madre, siempre al borde del desfallecimiento, recibe aquí de su hijo, como regalo, un sexo masculino. Se establece un vínculo en el que madre e hijo no pueden prescindir uno del otro sin sentirse en peligro.

El tema fantasioso construido por el niño parece girar, efectivamente, alrededor de una negativa a entrever el problema de la castración en el Otro. Al dar su sexo a mamá, la instituye como madre potente, pero ello provoca en Christian una negativa a plantear el problema de su propia ubicación. El niño pretende que esta garantía de madre potente se vea acompañada por otra: la de que ella no sea peligrosa, y puede probárselo a sí mismo mediante sus pedidos de ayuda.

Para conservar el amor de su madre, Christian se compromete en un juego ilusorio muy particular. Existe una complicidad madre-hijo con respecto al síntoma, y una negativa a que se instaure un orden diferente, en el cual estaría marcado el lugar del padre.

[17] TAT (Test de apercepción temática). Prueba proyectiva elaborada en 1935 por Morgan y Murray. En 1943, Murray publica la forma definitiva del mismo con un manual para su utilización.

Christian está deseoso de poder identificarse con un padre valioso, pero teme, entonces, dejar a la madre sola frente a sus desvanecimientos... y de ese modo correr a su lado Dios sabe qué riesgos.

III. REACCIONES SOMATICAS

Caso XXIII / La incontinencia

Charles, 6 años, es traído a mi consulta por un problema de incontinencia. El padre del niño pasa la mayor parte del año en Africa. La madre vive sola con sus dos hijos (Charles, de 6 años, y una hija de 1 año). La vida de "ama de casa" y las prolongadas ausencias del marido, la han "agobiado". "Si no tuviese hijos, hubiera podido seguir a mi marido en sus viajes."

Desorientada, aislada, sin trabajo y sin amigos, Mme. X hará pagar a sus hijos el peso de su presencia.

Charles no tiene ninguna libertad psicomotora. Inestable, arritmado, se lo castiga tanto en la casa como en la escuela. Sin embargo, pareciera que nada le llega. "Está blindado", dice la madre; está, de hecho, "en otra parte", ajeno incluso a la conciencia que podría tener de su cuerpo. "Cuando va al baño —agrega la madre— nunca sabe si ha hecho o no pipí. Si no se lo obligase, pasaría todo el día sin hacer pipí." Pero se lo *obliga*; el niño acepta y se sustrae al mismo tiempo a esta exigencia: este sexo es tan ajeno a su persona que no puede decir lo que ha hecho con él. Y además, ¿es necesario hablar de ello? Después de todo, lo que con su sexo haga es cosa suya.

La incontinencia nocturna se convierte en un hecho ante el cual el niño no reacciona. ¿Por qué reaccionaría? Su única forma de no seguir el deseo de la madre ¿no es, acaso, justamente, la de hacerse el muerto, la de tomar una distancia frente a ese cuerpo que preocupa tanto a la madre, que la preocupa de tal manera que no lee más, y no existe fuera de sus niños? Charles, por su parte, no tiene otros pensamientos que no sean los de su madre. "No puedo saber, ya que no aprendí las palabras necesarias; no se me indicó qué idea debía tener, entonces no puedo."

Sin embargo, Charles habla, habla mucho. Podríamos decir que se rodea con un mar de palabras, como protección contra una situación considerada peligrosa (relación con una madre prohibitiva, sin intervención de imagen paterna).

"Quisiera —dice Charles— convertirme en una persona mayor como mamá." Sin embargo, se opone a ella, se rebela y la desafía: "Podés pegarme, yo no voy a llorar".

El padre, sin embargo, existe; el niño cuenta sus viajes y sus hazañas. Se siente orgulloso de él, pero se trata de una imagen masculina imposible de situar: Charles no logra aceptarse en un futuro de hombre. Se mantiene voluntariamente alejado, tanto en un plano intelectual como en una toma de conciencia de su cuerpo de varón.

El síntoma de incontinencia, en este caso, representa para el sujeto la expresión de una negativa de confrontación con una imagen masculina. "Mi cuerpo —parece decirme el niño— se lo dejo a mi madre; yo me escapo, y de esa forma me siento al abrigo de las amenazas y del miedo."

Solo un psicoanálisis puede ayudar al niño. Sin embargo, la madre no hace más que llorar ante la propuesta de emprender una cura de este tipo.

¿Qué viene a buscar ella entonces? Una ayuda para sí misma a través de este niño que testimonia la angustia en la que ella se encuentra. ¿Una ayuda? Ni siquiera esto es seguro.

A partir del momento en que se le propone algo concreto, ya no sabe para qué vino. "Soy yo la que no aguanta más, y en quien se piensa aquí es en el chico."

Mme. X pudo plantear su problema solo a través de este hijo, sin estar, por ello, madura para emprender un análisis personal; ella necesita a este hijo como fetiche, para traducir a través de él sus penas. Si se la priva de él, se siente presa de la angustia.

En este caso, y a causa de la ausencia del padre, no se puede más que esperar que un día la madre pueda aceptar la idea de una existencia propia, independiente de la de sus hijos. Recién en ese momento, y con esa condición, podría ser posible la cura del niño e incluso la ayuda a la madre.

Monique es una niña de 12 años, a quien traen a mi consulta a causa de jaquecas rebeldes a todos los tratamientos. La escolaridad de esta niña inteligente se ve amenazada por este problema.

Monique se presenta a mí a través de sus problemas somáticos: dolores de cabeza a los 6 años, en el momento de ingresar a la escuela, al mismo tiempo que comienza el asma. La niña relaciona su asma con el de su madre y explica cómo esta viene a su cama las noches en que el asma y los dolores de cabeza son demasiado fuertes.

El padre aparece como al margen de todo, en una familia en la que dominan la madre y los padres de esta. "Mi padre no se siente como en su casa, no tiene nada que decir. Ya no habla. Olvida su tristeza en su trabajo." "Cuando yo me case —dice la niña— no arrastraré detrás mío a mis padres, como mamá. Además, mi mamá siempre necesita a alguien. Si no son sus padres, soy yo. Seguro, como yo estoy enferma todo el tiempo ella se aprovecha."

Objeto fóbico de una madre no autónoma pero autoritaria, así se presenta Monique, quien señala con lucidez la exclusión del padre.

"Cada quince minutos, mamá me pregunta si me duele la cabeza. Papá no quiere, pero no es él quien manda. Entonces, mamá me interroga, me hace tomar pastillas; ella, para ayudarme, siempre quiere hacerme algo."

Monique no tiene derecho a practicar deportes o a aprender música: todo se le prohíbe en función de su enfermedad orgánica. Monique no tiene deseos, ella *es* el deseo materno. Sus malestares orgánicos son la expresión de la ansiedad de la madre. Mediante su cuerpo, la niña traduce una angustia que tiene lugar en la madre. La ausencia de un padre prohibidor introduce, a nivel de la niña, la ausencia de todo mediador simbólico.[18] Lo que no puede ser expresado mediante palabras es vivido como malestar corporal.

---

[18] La enseñanza de Lacan se centralizó, en 1950, en la distinción entre lo simbólico, lo imaginario y lo real. Estudió la posición del Padre en la relación madre-hijo y esclareció los factores que permiten el acceso al "orden de la cultura, del lenguaje, de la Ley", es decir, el acceso a un mundo cargado de sentido. El punto de referencia representado por el

Monique parece entrever el peligro al presentar un comienzo de anorexia: "En casa ajena puedo comer, pero en mi casa no". Responde la madre: "¿Qué haré si ella me dice un día: en casa ajena yo puedo vivir, pero no en mi casa?"

Es ahí, en efecto, donde se encuentra el nudo mismo del problema, y por fin la madre parece estar dispuesta a tomar conciencia de él. "Siempre te dije —replica el marido— que la pequeña te servía para alejarte de mí." La madre llora entonces dulcemente, no quiere creer que todo esto pueda ser verdadero. Confiesa finalmente, con dificultad, sus crisis fóbicas y la forma en que se defiende de ellas *a través* de sus hijos (el mayor tiene problemas de carácter, el menor también comienza a presentar una anorexia).

¿Psicoanálisis para Monique? Quizá, pero más allá de Monique, si la madre no cambia, lo que corre el riesgo de verse de más en más comprometido es el equilibrio familiar en su totalidad. Los síntomas de Monique se presentan en este caso como una señal de alarma, anuncian un malestar que se sitúa fuera de ella.

Caso XXV / *Incontinencia-Delgadez patológica*

Arthur, 7 años, al que los suyos llaman "Bebé", es el segundo de 4 hijos. El no distingue, nos dice la madre, "el revés ni el derecho, ni la izquierda ni la derecha". Muy deprimida durante su embarazo, la joven mujer tuvo miedo de que su niño naciese idiota.

Criado por una sucesión de niñeras rígidas, en regiones y climas diferentes, Arthur "crece" mal; anoréxico hasta los 3 años, accede a la palabra recién a los 4. El hermano mayor, inteligente, es rechazado por los padres y prácticamente no vive con ellos (lo educan los abuelos). De esta forma, Arthur es el único varón con dos hermanas menores. Pudo encontrar ubicación en la familia solo en su carácter de niño enfermo.

Al examinarlo se muestra temeroso, y entra en estado de pánico cuando se le solicita una opinión personal. Se come las uñas, mira a otro lado. De inteligencia normal, este niño

---

significante paterno constituye, para el niño, un elemento esencial que le permitirá abandonar el mundo cerrado materno y entrar *como sujeto* en el universo de los signos.

de 7 años presenta la conducta de un retrasado, tan regresivo es su comportamiento. Toda afectividad está desprovista de tono, hay una ausencia de vida. Toda evolución viril está trabada: en los dibujos, los árboles están cortados, los combatientes no tienen brazos y los niños son vistos sin manos. Arthur tiene la apariencia de una estatua, antes que la de un ser viviente; es esta la forma en que puede ser aceptado por su madre (criada sin padre por una pareja homosexual).

Fóbico, lloroso ante el menor ataque de sus compañeros, Arthur tiene muchas dificultades en lograr una evolución correcta.

Se indica un psicoanálisis, pero este solo puede efectuarse si la madre acepta que se la cuestione. La enfermedad orgánica del niño llena, en este caso, la brecha de la angustia materna; el niño expresa o significa la angustia de la madre mediante un lenguaje corporal. "Mi hijo, soy yo, somos iguales." Esta frase, en toda su simplicidad, resume el vínculo madre-hijo en lo que este implica, en potencia, de drama, incomprensión, desentendimientos y absurdos.

En todos estos casos, los padres están ausentes, quizá porque han renunciado ya a hacerse escuchar.

Caso XXVI / Anorexia-Insomnio

Paul, 2 ½ años, va a ser hospitalizado una vez más. Ante la reticencia del padre, el pediatra sugiere una consulta con un psicoanalista.

Paul, el menor de seis hermanos, es insomne desde su nacimiento. En el momento de la entrevista presenta los primeros signos de una anorexia. Nacido con una alergia en la piel, a los 10 meses comenzó con crisis de violencia contra sí mismo: se golpeaba la cabeza corriendo el riesgo de lastimarse (esto coincide curiosamente con la curación de la alergia). Se le da Librium, pero enseguida se presentan espasmos de llanto. Ante la madre trastornada, el niño, incluso, cae en un desmayo total con emisión de orina. El psiquiatra que se consulta en ese momento dice lo siguiente: "Este niño la destrozará, señora, si usted no lo hace antes. No hay tiempo que perder." A partir de ese momento, madre e hijo se enfrentarán en una relación de fuerzas.

En ese momento Paul tiene 10 meses: "En cada crisis, se le administra bromuro como sedante", agrega la madre.

¿Cómo reacciona él?

Mediante una erección y masturbación a los 18 meses.

El psiquiatra, consultado nuevamente, explica delante del niño en qué consiste la erección y el dolor, este dolor *que produce miedo*.

En ese momento Paul tiene 2 años. Sale de la consulta reteniendo la enseñanza del médico: a partir de ese momento, el niño, teniendo una erección, va a despertar a la madre todas las noches diciéndole "me duele", y volviéndose a dormir... después de haberle podido "dar" este mensaje.

A partir de ese momento, el equilibrio nervioso de la madre se encuentra afectado, y para que ella pueda dormir de noche, se envía al bebé por tres meses a un Hogar de niños. En él recupera el sueño, al igual que la madre, pero pierde el habla.

Reintegrado a los 2 ½ años a su familia, vuelve a hablar, pero pierde el sueño y rechaza el alimento, oponiéndose a todo.

Quiere la exclusividad de su madre, y no acepta que ella se ocupe de otro niño que no sea él. Muy pronto, la angustia de que se lo mande de vuelta a ese Hogar se expresará mediante malestares somáticos diversos; uno de ellos, la laringitis sibilante, provocará pánico en la madre.

Ante esta angustia que el niño es capaz de provocar en la madre, esta experimenta la confusa sensación de haber vivido algo parecido en el transcurso de su embarazo: "A partir del quinto mes, tuve el vientre como de madera, y eran tales las contracciones del útero que tenía miedo de perderlo. En el momento del parto no quería salir, hubo que buscarlo."

Recordemos que desde un primer momento Paul presentó vómitos, insomnio, rebeldía. Su fragilidad física lo pone en la posición de objeto de la madre, sin una intervención suficiente de la imagen paterna. Las múltiples consultas médicas crean una colusión de adultos alrededor del niño, en ausencia del padre.

Cuando la madre viene a consultarme, el niño está a punto de ser enviado a un hospital, a causa de una serie de trastornos psicosomáticos (entre ellos insomnio y anorexia) que dejan perplejos a los médicos. El padre se opone a toda idea de hospitalización, de la misma forma en que se opuso a que se lo enviase a un Hogar de niños.

Lo principal de las dos entrevistas a solas que mantengo con la madre, es el *tema del padre*, lo que provoca en ella la siguiente reflexión: "Cuando estoy con mis hijos mayores me olvido de Paul; solo recuerdo su existencia cuando se pone difícil."

Paul está muy ligado a su padre, al que ve muy poco. Los horarios del niño se planean de forma tal que prácticamente no tiene contacto con los adultos. La madre se preocupa por respetar un programa establecido arbitrariamente, por temor a "dejarse absorber por el hijo".

Le doy a la madre los consejos siguientes:

1º — Libertad total, mientras esta libertad no moleste a los otros (derecho a no dormir, no comer, no lavarse, sin que se cree un ritmo de vida "aparte" en función de los caprichos del niño).

2º — Si Paul llama de noche, el que debe levantarse es el padre. "Haz lo que quieras, pero déjame tranquilo con mi mujer, tenemos necesidad de dormir."

Sin haber tenido necesidad de ver al niño en consulta, todos los trastornos desaparecen como por encanto.

—¿Quién es tu mujer? —pregunta Paul a su padre.

—Es tu mamá.

—Ah, no, ella es mi mujer.

Una crisis de laringitis sibilante dará lugar ulteriormente a un resurgimiento de los antiguos trastornos, y acepto entonces ver al niño.

Lo atiendo con su madre y le transmito, en un lenguaje adulto, la síntesis de sus trastornos desde el momento en que nació, poniendo el acento en la situación dual que se creó de este modo con la madre, y sobre lo *incómoda* que es la ausencia de lenguaje en el bebé. El niño abandona entonces las rodillas de su madre, y comienza un largo diálogo conmigo del que nada comprendo.

Yo le respondo: "Me gustaría mucho hablar de esto con papá."

—Ah, no. El gran jefe es Paul.

Yo respondo: "No, el gran jefe es papá. El creyó que mamá era demasiado grande como para recibir palizas. Por eso que dejó que Paul y mamá se las arreglasen solos. Pero papá sabe que si las cosas no andan bien les puede dar una paliza a mamá y a Paul, porque papá manda sobre los dos."

—Ah, no, mamá es buena. Paul, el gran jefe de mamá.

En la sesión siguiente (10 días después), Paul me trae una carta de su padre, que está muy contento con el cambio. Señala un "progreso increíble en la conversación". Mientras tanto, Paul comienza a ir al jardín de infantes del barrio...

Espontáneamente, el niño trae el tema "el gran jefe es Paul, papá no tiene que mandar". La madre hace eco a estas palabras hablándome del abandono total en que se encontró el niño desde su nacimiento: "Yo me desentendía de él, dejándolo en manos de mi hija y de las sirvientas."

A lo que el niño agrega: "No está bien no dormir."

Yo contesto: "No es que esté mal, sino que es incómodo." A ello sigue un discurso animado del niño, del que no comprendo nada pero que tomo en el grabador.

Tres o cuatro consultas psicoanalíticas bastaron para evitar un nuevo ciclo de hospitalizaciones y sus efectos neuróticos perturbadores.

Paul mantiene, sin duda, una facilidad muy grande para la conversión psicosomática. Aislar la enfermedad, en un niño para quien esta tiene sentido en lo referente a sus relaciones en el seno de la familia, provoca desentendimientos, y le cierra una posibilidad de acceso al mundo simbólico.

Los síntomas de Paul desaparecieron debido a que el analista los utilizó como un lenguaje, intentando dar un sentido a aquellos puntos en los cuales el niño estaba detenido, fijado por el pánico frente a la amplitud de las exigencias de su libido. Si se lo hubiera culpabilizado con esas exigencias, no se hubiese logrado más que llevarlo a que continuase el combate en el terreno somático, acentuando las defensas. Fue precisamente esto lo que intenté evitar.

Solo el acceso a la palabra (al develar el deseo oculto de Paul: ser el gran jefe de mamá), pudo ayudarlo a tomar distancia respecto de una angustia vivida como malestar corporal.

Raoul tiene 4 años y no habla. Es el menor de una familia de 6 hijos. Alegre, fácil de tratar, acepta las peleas con sus hermanos. Es muy activo, y sus ocupaciones son el calco perfecto de las de su madre. Intenta acaparar su atención, y, cuando ella no está, teme a la oscuridad, al agua, a los animales.

Una septicemia que duró 15 días provocó una disminución en el desarrollo físico del niño. A la edad de 1 año, y a causa de problemas de salud, sufrió una separación que puso término a un período penoso en el que las preocupaciones sobre la salud del bebé captaban toda la atención del medio.

Regresa del Hogar para niños habiendo adquirido la marcha, pero sin usar prácticamente sus brazos, como si fuesen para él solo un cuerpo extraño y perturbador. A partir de los 18 meses sufre una anorexia que cede en forma espontánea el día en que el padre interviene. El niño, entonces, comienza con un período de cóleras agudas seguidas de adormecimiento. Las escenas acaban apenas el padre aparece.

La hiperatención materna se ve equilibrada, felizmente, por la actitud estricta del padre (sin embargo, el estado enfermizo del bebé lo convierte en objeto electivo de la madre).

Es prácticamente imposible llevar a cabo el examen del niño: cuando veo a Raoul en presencia de su madre, se chupa el pulgar, y se convierte en su parásito. Si lo veo a solas, se tira al suelo, opone un "no" tónico a todas mis preguntas, y los puntapiés alternan con una actitud regresiva. Cuando hago entrar nuevamente a la madre, él se encuentra en un estado de ansiedad patológica, se niega a toda actividad y busca refugio en las rodillas maternas, donde se duerme replegado sobre sí mismo, con el pulgar en la boca. Si le hablo, se tira sobre su madre y llora. Si le pido que dibuje, le da el papel y el lápiz a la madre para que ella lo haga. Termina por dibujarme un muñeco, la representación de una imagen de cuerpo despedazado. Todo lo que hace en plastilina está igualmente fragmentado. El nivel intelectual de Raoul parece normal. La ausencia de lenguaje acentúa, en su caso, una estructura de fóbico agudo. El niño no puede asumir su agresividad, bajo pena de que surja el temor de perder a su madre.

En sus producciones plásticas, que como hemos dicho eran todas imágenes de cuerpos despedazados, el tema central era un disco coronado con un falo *arrancado* de su apoyo. Cabe preguntarse si la separación precoz del niño no fue vivida por él como una mutilación imposible de asumir. Para que la madre siga viviendo para Raoul, él debe introducir entre ambos algo que participe de la muerte (su adormecimiento, su mutismo). El sujeto encuentra en esta muerte una posibilidad de eternizar su deseo, y de esta forma puede acceder al mundo de los símbolos que había amenazado con desaparecer con la pérdida de la madre. Sus enojos y su rechazo hacia ella son solo la otra cara del deseo de la presencia materna. Si los enojos con la madre concluyen con el adormecimiento (es decir, mediante una especie de unión con la madre), los que lo enfrentan al padre tienen como objetivo la introducción de un tercer término: una instancia superior que le imponga la Ley y lo devuelva de ese modo al estado de sujeto.

Raoul busca visiblemente ser marcado por la amenaza paterna, para que a través de ella su deseo pueda formularse. Pero choca entonces con la madre, que teme toda intervención de la Ley en relación con su hijo enfermo, y lo priva de este modo de toda posibilidad de identificación con el padre.

En este caso el rol del psicoanálisis sería, justamente, el de lograr que el niño viva su Edipo en forma correcta, al introducir en el lenguaje los deseos de muerte o de asesinato vividos a nivel del cuerpo.

Raoul puede llegar a asumirse en su sexo de varón solo a través de una dialéctica verbal, en la cual la palabra reemplazaría entonces a un síntoma y superaría sus efectos neuróticos.

Las noticias recibidas posteriormente, de boca de la psicoanalista que se ocupa del niño, confirmaron lo acertado de la aprehensión psicoanalítica del caso, tal como me fue posible obtenerla en la primera consulta.

El niño aprendió con rapidez el lenguaje el día en que los deseos de muerte pudieron ser conscientes, y lo adquirió *a través de una fase de inversión total de sonidos*. El día en que fue posible la confrontación con el padre, Raoul abandonó una forma de dislexia pura de reacción.

Caso XXVIII / Retraso de lenguaje

Lina tiene 4 años. Inteligente y vivaz, presenta un serio retraso de lenguaje. Su inestabilidad y sus trastornos de carácter hacen problemática toda inserción escolar. La niña tiene una hermana tres años mayor que ella, muy fóbica. Ella nació en un momento particularmente dramático de la vida de su madre (divorciada, sin alojamiento, sin recursos) No deseada, Lina crece sin embargo sin problemas hasta la edad de 1 año. Colocada en ese momento en un Hogar de niños en la montaña, la niña pierde su alegría. Permanece allí durante más de un año, deteriorándose físicamente en alto grado (sin que los médicos descubran la causa).

La madre recupera a su hija a los dos años y medio, llena de forúnculos y con incontinencia tanto diurna como nocturna. Durante ese tiempo, la madre ha logrado casarse nuevamente. En su nueva casa, Lina comparte el cuarto con su hermana. Una persona de edad se ocupa de los niños, y Lina empieza paulatinamente a recobrar cierto equilibrio, y sobre todo, se repone físicamente. Prácticamente no hay lenguaje en ella. La madre, muy ocupada por su participación en la vida profesional de su marido, se ocupa de los niños solo los domingos. "Ese día es para mí una verdadera pesadilla. Lina se cuelga de mí, no me deja descansar un solo momento."

Ambos padres han tenido una infancia triste, marcada en ambos casos por el divorcio de sus propios padres y por el casi estado de abandono en que ese divorcio los sumergió. Poco aptos para ser padres, poco maduros para serlo tan temprano, no soportan ninguna coacción en relación con los chicos.

Lina, niñita despierta y estable en sus juegos, se siente perdida sin la presencia de un adulto. Pasa la mayor parte de su tiempo rompiendo los objetos, perdiéndolos. De esta forma trata, en realidad, de lograr una presencia permanente.

En este caso, un psicoanálisis parece indispensable para ayudar a la niña a superar un período traumático (pérdida de la madre) durante el que, para expresar su sufrimiento, dispuso solo de su cuerpo. (Recordémoslo, la niña vivió la separación como una agresión somática.) En la actualidad, le falta aún el lenguaje: el día en que Lina logre expresar mediante la palabra su angustia (agresividad), no necesitará más la presencia de un adulto para sentirse segura de sí misma.

IV. COMIENZOS DE UNA PSICOSIS

Caso XXIX / Comienzos de una psicosis

Noëlla, 4 años, es la penúltima de 5 hijos (los dos últimos no fueron deseados).

La madre, muy ocupada en su vida profesional, no deseaba en absoluto tener más de tres hijos. Un cuarto embarazo la llevó a un estado de depresión grave. "Tenía la impresión —nos dice— de que algo iba a suceder."

Desde el nacimiento se separa al bebé de la madre, cuyo tratamiento psiquiátrico aún continúa, a causa del episodio depresivo que, con el parto, se tradujo en rapto delirante.

Puesta a cargo de una nodriza, la pequeña presenta desde un comienzo, dificultades para alimentarse. "En lo que al resto se refiere —dice el padre— era una niña encantadora que no se movía."

Cuando la niña tiene 6 meses, la madre regresa al hogar y reinicia su vida profesional. Embarazada poco tiempo después (vive este embarazo con resignación), deja a Noëlla con la nodriza, y envía también al hermanito desde su nacimiento. La madre escogió este término medio: aceptar los embarazos, pero no criar a los que ella no quiso traer al mundo. Su marido, huérfano de padre desde muy temprana edad, se ocupa mucho de los niños y está muy encariñado con Noëlla. El le soporta todo, se deja arañar y morder. Le reprocha a su mujer el no quererla en los raros momentos en que la niña va a su casa.

"Qué quiere usted —me dice la madre—, esta niña no me atrae, nada me empuja hacia ella." Mme. X, mimada en su juventud e independiente económicamente, nunca pudo resolverse a convertirse, tal como lo deseaba su marido, en una "mujer de hogar".

"Ser una mujer de hogar, tener siempre un poco menos de dinero del que uno necesita, privar de cosas a los niños y privarse uno mismo, todo esto es una trampa en la que me niego a caer. Dicen que soy una mala madre. En el restaurante me ocupo de treinta comidas por día. Prácticamente nadie me ayuda. Mi tiempo libre es para mis hijos. Me hubiese gustado que no me absorbieran tanto, y me quedara tiempo para leer un poco, y permanecer en contacto con el mundo. A los tres mayores los asumo, pero hacerlo con los dos últimos, y con los que lleguen después, eso ya está por encima de mis fuerzas.

"Si pierdo la razón ¿quién ganará algo con ello? Vivo en un lugar aislado, mi marido viene solo dos veces por semana. Puedo luchar de frente por todo lo que deseo. En este momento, tengo la impresión de tener que pelear para salvarme a mí misma."

"La pequeña —agrega el padre— provocó nuestra desunión."

Y, a partir de esto, me habla de su infancia desdichada, de la pérdida de un padre "al que las personas y hasta los animales querían", y de una tía enferma que reemplazó en su caso a una madre poco afectuosa.

El hecho de que su mujer no quiera procrear continuamente es para él un signo de que es una mala madre, al igual que la suya propia. (La colocación como pupilos de los mayores, evoca en él a la Asistencia Pública . . . es decir, las profecías de su tía: "Tu madre es muy capaz de internarte en la Asistencia Pública, ahora que tu pobre padre no está más.")

El problema de Noëlla, niña psicótica, desapareció con rapidez ante el grave problema de la pareja. Y lo que examiné en una entrevista de más de tres horas de duración fue precisamente ese problema. Antes que nada, había que mostrarle al padre el drama personal que se desarrollaba en él a través de su hija enferma, y además revalorizar ante sus ojos a una madre, neurótica sin duda, pero cuyo equilibrio debía ser mantenido en todo aquello que era capaz de dar y de asumir.

Noëlla cargaba con el peso de haberse constituido, mediante su llegada al mundo, en la causa de la discordia entre ambos cónyuges. La madre no se lo perdonó en absoluto y la niña fue siempre, en el seno de la pareja, el objeto de las disputas, y de un exceso de amor o de odio. En respuesta, Noëlla se volvía ausente, totalmente ausente a toda presencia humana.

Sin duda se impone un psicoanálisis de la niña. ¿Cómo encararlo, sin embargo, a 300 kilómetros de París? Todo lo que se podía hacer era llevar un poco de paz al corazón de los padres.

Caso XXX / Un niño psicótico

Henri, 8 años, es traído a mi consulta por un pariente lejano. Es el último hijo de una familia numerosa (todos se han casado, salvo uno, de 25 años, retrasado, que vive con los padres). Henri es el menor; vive en una aldea alejada con sus padres ancianos: un padre "ausente", obsesionado por su muerte próxima, y una madre hiperansiosa, que sofoca al hijo con su solicitud. Henri es el confidente de la madre y participa de sus temores, de sus esperanzas y sus sueños. Ocupa un lugar definido en las fantasías maternas.

Escuchemos su discurso:

"Papá iba a ser cirujano, pero se vio obligado a ser médico clínico. Después lo jubilaron y ahora cultiva manzanas. En la actualidad es médico de Seguridad Social. Mi hermano de 25 años ha hecho progresos; aprendió a hacer la limpieza. Nosotros le damos ocupaciones y él no lleva una vida infantil. No es como la tía de mi nuera. Ella no sabe leer, a pesar de sus 40 años, y juega a las muñecas. Mi hermano hace la siesta y toma remedios; yo también. Por otra parte, estoy cansado, lo cual es un mal signo para mí, y tengo sed todo el tiempo. Usted me dirá qué es lo que yo necesito. También me pasa algo curioso, mi papá se ocupa de ello: me pone pomada. Cada vez que hay un señor que mata a su esposa, mi mamá me lo cuenta. Yo le digo: '¿Entre nosotros, para qué casarse si hay que pelearse?' En mis sueños la que se muere es mamá. Con mi hermano infantil y mi papá yo no puedo vivir, entonces me permiten elegir con quién quiero vivir: con mi hermana, a quien usted conoce, o con mi cuñada. Yo podría comprender que un hijo sin padres tuviera ganas de irse con su chica.

"La gente que se separa es como la oas °: personas que se

° oas: Organisation Armée Secrète (Organización del Ejército Secreto), agrupación de ultraderecha que luchó en Francia y Argelia contra la liberación argelina. (N. del T.)

pelean, y el que sufre las consecuencias no quiere separarse, entonces todo sigue adelante. En cuanto al divorcio, no hay nada que hacer. Son ellos dos en una casa, solos para siempre, el matrimonio está hecho para eso."

Vemos a Henri alienado en las preocupaciones maternas hasta el punto de no poder situarse en un linaje. ¿El es el hijo, la hija, el padre o el compañero de la madre? Es posible que sea todo al mismo tiempo y, como tal, está perdido como sujeto.

Ese discurso no es su palabra sino una palabra impersonal que no le pertenece, la de otro, la de todos los otros: nos da una especie de grabación de la que no es autor.

En ese discurso que no le pertenece, el niño, sin embargo, manifiesta su drama de espectador frente a una familia que ha despojado de todo sentido a la vida. ¿Qué es el matrimonio? "Son dos, en una casa, solos para siempre, el matrimonio está hecho para eso."

Henri eligió también una forma de soledad, para no tener que soportar el rol de títere que se le atribuye. Ingresó al mundo de la locura.

Solo un psicoanálisis puede salvarlo.

Afortunadamente, una parienta está dispuesta a acogerlo en París para permitirle la prosecución de una cura. Los padres, por su parte, no se dan muy bien cuenta de lo que les pasó. Ya han roto con los otros hombres; la vida y la muerte, es para ellos lo mismo. Este niño los encantaba, pero si es mejor que se vaya, que así sea. Sin embargo, con él se va el último interlocutor que tenían. A partir de ese momento, solo queda en casa el retrasado para recibir sus confidencias y cultivar con ellos las flores y las plantas de la propiedad.

Treinta consultas... Todos los padres me son remitidos por médicos, pediatras o psiquiatras que un día, ante un niño dado, vacilaron en tratarlo con una cura tradicional. Se plantearon el interrogante de qué tensiones o dramas podía recubrir el síntoma. "Hay que tomarle tests a su hijo. Después se verá que se puede hacer."

¿Tests, por qué no? ¿Acaso el público en general no los considera algo objetivo, impersonal, que permite dar una respuesta a los problemas de los padres, e incluso descargar a estos de toda preocupación? Algunos dirán "textos" (*textes* en francés tiene una pronunciación muy similar a la de *tests*)°, como regla escrita que reemplazará a la Ley Paterna. Los padres recurren a la instancia Superior, muy dispuestos a dimitir o a descargarse en otro Responsable... Parecen decirnos: "De este niño (es decir, de nuestra angustia) ocúpese usted."

Soy psicoanalista. Esto ha marcado para siempre mis relaciones con los seres humanos. No creo en los instrumentos de medición o, más bien, solo los utilizo en el transcurso de una· entrevista en la que, disponiendo de todo mi tiempo, trato ante todo de aprehender, comprender el discurso del Otro. Un cierto grado de verdad puede ser aprehendido a través de la mentira. Verdad de hoy que quizá no será la misma de mañana, pero que es de todas maneras una verdad dinámica en busca de una autenticidad. Esto es lo que intenté comunicar en las páginas precedentes. Más allá de la parquedad de las anotaciones que recogí, intentemos ahora desentrañar en ellas un sentido.

° *N. del T.*

2

EL SENTIDO DEL SINTOMA

Reuní al azar las entrevistas precedentes, según el *motivo de la consulta*. Hice así una clasificación inevitablemente arbitraria (ya que el lamento paterno recubre a menudo síntomas más serios, o al menos, diferentes a los que motivan la consulta); de todas formas respetaré esta clasificación para facilitar la exposición.

Mientras fui exponiendo mis anotaciones, señalé el problema de las *dificultades* escolares, el de las *dificultades de carácter* (que van desde los trastornos de la conducta hasta la conducta asocial y la delincuencia). Me referí apenas al problema de la *perversión*, de la *fobia*, abordé casos de *reacciones somáticas* y el problema de la *psicosis*.

Solo atendí a estos niños, lo repito, en una primera consulta, y ello explica la insuficiencia de material para abordar sus problemas en forma teórica. Mi intención, evidentemente, no es la de desarrollar aquí la teoría psicoanalítica de las neurosis y de las psicosis, sino, más bien, la de delimitar un problema que los propios psicoanalistas descuidan a menudo. En el psicoanálisis de niños, en la primera consulta estamos sometidos a la demanda de los padres, que puede ser urgente y grave. Existe entonces, frente a los padres, una tendencia a tomar una posición de psiquiatra o de psicopedagogo, y se corre el riesgo de dejar escapar la dimensión esencial que es, justamente, la aprehensión psicoanalítica del caso. Manteniéndose en su rol de analista, el profesional puede evitar las orientaciones apresuradas, el colocar precipitadamente al niño en un Hogar o un Instituto, puede intentar que una verdad sustituya a una mentira. Pero para ello es necesario que logre una comprensión suficientemente profunda de la situación familiar. No todas las consultas conducen a la indicación de un psicoanálisis, pero en todas, sin duda, es posible salvaguardar la dimensión psicoanalítica, e incluso ayudar con ella al pediatra o al médico de cabecera de la familia.

A menudo, los padres solo podrán formular su inquietud de manera adecuada en un segundo momento, en una forma que permita la introducción del sujeto en un psicoanálisis.

Mis anotaciones, tomadas al cabo de la primera consulta, resumen en su parquedad misma una *situación*. Intenté dar cuenta de ella. Ahora trataré de comprender aquello de esa situación que pudo determinar, a nivel del niño, tal o cual trastorno. Es habitual oir decir que a todo niño-problema corresponden padres-problema. En efecto, es poco frecuente que detrás de un síntoma no se perciba un cierto *desorden familiar*. Sin embargo, no es tan cierto que este desorden familiar por sí mismo tenga una relación directa de causa-efecto con los trastornos del niño.[1]

Lo que parece perjudicar al sujeto es el *rechazo* de los padres por ver ese desorden, y su esfuerzo *en palabras* por reemplazarlo con un orden que no es tal.

Lo traumatizante no es tanto la confrontación del niño con una verdad penosa, sino su confrontación con la "mentira" del adulto (es decir su fantasía). En su síntoma, lo que él hace presente es precisamente esa mentira. Lo que lo perjudica no es tanto la situación real, como aquello de esa situación que no ha sido verbalizado con claridad. Aquí asume un cierto relieve lo *no dicho*.

A través de la situación familiar, mi atención va a ocuparse de la *palabra* de los padres y en particular de la de la ma-

---

[1] Si este desorden, en su *realidad*, fuese la causa directa de las dificultades del niño, la actitud psicoanalítica sería perfectamente inútil, ya que bastaría con corregir una situación defectuosa aconsejando medidas reales. Ahora bien, en los casos que corresponden al psicoanálisis, este tipo de intervención no tiene ninguna eficacia.

dre, ya que veremos que la posición que el padre tenga para el niño, dependerá del lugar que aquel ocupe en el discurso materno. Y ello tiene importancia en relación con la manera en que el niño podrá, entonces, vivir correctamente o no su Edipo, acceder o no a procesos exitosos de sublimación.

Intentemos ahora rever los casos expuestos en el capítulo precedente.

I. DIFICULTADES ESCOLARES

Escuchemos en primer lugar el discurso de la madre:

"Fíjese —agrega ella—: tengo un hermano ingeniero y un hijo como este" (Caso I).

"El mayor —me dicen— es digno hijo del padre, es brillante. El menor es hijo de su madre; yo empecé de todo y no terminé nada" (Caso II).

"Cuando estoy deprimida —agrega otra madre— lo ayudo en su trabajo, pero no quiere aceptar mi ayuda... Si usted supiese cuán blando, ausente, cansado, nulo, es su padre..." (Caso III).

"Cuando ya se sabe todo —confiesa Bernadette, 6 años— después está la muerte" (Caso V).

"Mi marido es un viejo chocho", dice la madre. "No se entiende —agrega la hija— cómo pudo casarse con un muchacho como ese" (Caso VI).

"Le traigo a mi hija por indicación del Dr. X, sin el consentimiento del padre" (Caso VII).

Estas muestras son demasiado pequeñas como para que, a partir de ellas, nos sea posible realizar un estudio exhaustivo del problema de los trastornos escolares. Lo dije desde un comienzo: mi intención no es esa. Deseo tan solo poner el acento sobre un cierto *clima* que, por lo general, se observa en toda situación neurotizante.

¿Qué nos llama la atención en estos casos?

Desde un primer momento, nos vemos introducidos (indirectamente a través del "síntoma escolar") en el mundo de fantasías de la madre. La misión del niño es la de realizar los sueños que ella no concretó. Su error, a menudo, es el de no aceptar ponerse en el lugar que se le designó de entrada. En efecto, si siguiera el juego de la madre debería enfrentar de inmediato otros problemas mucho más graves, sobre todo el de un Edipo imposible.

De este modo, François (Caso I) rechaza la imagen del tío materno (propuesto como ideal del yo por la madre), centrando como por casualidad sus dificultades en el terreno de la matemática. Sin embargo, y por culpabilidad, se identifica con los aspectos enfermos de la madre, poniéndose al fin de cuentas bajo su dependencia antes que bajo la Ley del padre. A causa de la dimisión paterna, la identificación con una imagen masculina parece imposible. "Quiero tranquilidad", dice el padre, dejando de este modo a su mujer como única dueña del destino de su hijo.

Resignado y envejecido prematuramente, así aparece ante nosotros François. Sus fracasos son una torpe forma de defenderse contra la acción de la madre, torpe porque, en realidad, se ha convertido en "su" objeto exclusivo de preocupación.

¿Pareja perfecta? A los ojos del mundo sin duda lo es. Pero lo que callaba en su seno era el lugar imposible reservado por la madre a su marido. "Hubiese sido un buen cura tímido." Ello invitaba al niño a cuestionar la posición del padre y la suya propia. Solo una ayuda psicoanalítica podía ser realmente eficaz, pero de todas formas se requería que la madre pudiese soportarla. En ese caso, el niño estaba dispuesto a meterse en un circuito en el que estaría incluida para él una imagen masculina estructurante; sin embargo, el miedo de enfermar a su madre con su propia curación, lo remitía nuevamente al lugar que quería abandonar. Ese padre era sin duda una persona valiosa, pero a los ojos del niño, en cierta forma ya había renunciado a vivir. Pretendía una paz total que tenía ya gusto a muerte.

Recordemos aquí cómo la entrevista puso el acento en la historia misma de la madre que, al no haber sido marcada por un padre (muerto prematuramente), no pudo dejar hablar en ella a su marido. Por más que lo niegue, su madre tuvo siempre más importancia para ella que su marido y situó así a su hijo en el lugar secundario que ella misma ocupaba en su infancia. En cierta forma, y a través del hijo, se salvaguardaba la imagen del hermano ideal. Al niño se le negaba toda identificación masculina. "Entonces yo no soy idiota" responde el niño, después de mi verbalización del contenido fantasioso de la historia familiar. Sin duda, la consulta no fue inútil. Esclareció para François la fragilidad de una madre omnipotente, y el rol imposible que de él se esperaba en ese contexto familiar. Sin embargo, para que los padres acepten la idea de un análisis para su hijo, se requiere todavía que tengan el coraje de ser desalojados (por su hijo) del confort que otorga la complicidad de la mentira.

Hemos visto (Caso II) que las dificultades escolares de Victor ocultaban un conflicto de celos con el hermano mayor. Este, mediante sus éxitos, acaparaba toda la atención del padre e impedía·al menor (así lo creía Victor) todo acceso al mundo paterno.

Sin embargo, esta situación de hermanos enemigos pudo surgir solo como consecuencia de la torpeza del medio, que inmovilizaba en la realidad al mayor y mantenía al menor en un status rígido. *A los ojos de los demás*, uno era designado como hijo del padre, y el otro como hijo de la madre. De esta forma, mientras que para el mayor el camino de la identificación masculina estaba ya trazado en su totalidad, la situación de Victor era diferente. Renunciando a que se lo aprisione dentro de los límites maternos, busca en una conducta falsa de recio una afirmación viril, como si de ese modo intentase desviar de sí la fatalidad del destino. En realidad, hemos visto que lo que Victor teme es convertirse en un fracasado, reflejando de este modo la angustia paterna; "lo único que él le recuerda a mi marido son sus complejos", me dice la madre... El sujeto, evidentemente, rechaza toda posibilidad de psicoanálisis, como si ello significase la confesión misma de su debilidad. Este tipo de conflictos son los que, por desgracia, engendran las conductas asociales, cuando el medio ambiente no sabe apreciar a tiempo la gravedad de los mismos.

La preocupación por el estado de Victor hubiese debido surgir cuando este tenía 7 años. En la actualidad el adolescente, amargado por sus fracasos y por un porvenir escolar seriamente comprometido, ya empezó a esbozar defensas de tipo obsesivo. Tal es la respuesta a la situación que él aporta. Está lejos de aceptar que se lo cuestione, mientras que Nicolás (Caso III), presa de dificultades en apariencia idénticas, está dispuesto, a la misma edad, a dejarse ayudar, e incluso a romper con un medio familiar vivido como patógeno. En realidad, la situación de los dos niños es completamente diferente. Victor creció sintiéndose ajeno a su padre, mientras que Nicolás tuvo siempre muy cerca al suyo. Su descenso en el nivel escolar se produjo recién a la edad de 15 años, como eco, recordémoslo, de la incapacidad de la madre para realizar su duelo (al perder a su hermana perdió todo deseo de vivir). En realidad, una confluencia de circunstancias dio lugar en ambos padres a un episodio depresivo agudo con angustia de muerte, insoportable para Nicolás. Su única preocupación es huir de esta atmósfera lúgubre, y solo un sentimiento de culpabilidad lo retendría en el hogar. Siente confusamente que representa para sus padres la razón de existir, pero percibe, al igual que ellos, que si se convierte en el objeto utilizado para tapar la angustia parental, está predestinado al fracaso.

El síntoma del descenso en el nivel escolar es, de hecho, el grito de alarma de un adolescente que pide ayuda. A la inversa de los de Victor, los padres de Nicolás tienen conciencia del peligro y, paradójicamente, es incluso a través de la angustia de su hijo que aceptan para sí mismos un tratamiento psicoanalítico. Pero para que se sintiesen conscientes de su propio drama, fue necesario que su hijo lo expresara.

Las dificultades escolares notorias de Martine (Caso VI) solo surgieron para sacar a la luz del día una situación familiar imposible. Para la joven, son un llamado al padre, para que él la reconozca, aunque sea mediante el escándalo; para la madre, son una especie de advertencia que la obliga a desenmascararse. "Mi marido es un viejo chocho." "No se entiende —repite la niña en eco— cómo es posible haberse casado con un muchacho como ese"... En el caso de Martine, es casi una invitación a su madre para que se divorcie.

Se requirió esta crisis para que esta última tomara conciencia de lo que efectivamente estaba ocurriendo en su hogar.

Sabine expresa la mentira de los padres mediante un descenso en el nivel escolar semejante, acompañado por trastornos nerviosos. "Vean —parece decir— el lugar imposible que ocupo en el corazón de mi madre, un lugar imposible en la medida en que para ella reemplacé a mi padre." Lo urgente de este caso pone más el acento en un umbral de tolerancia que en la gravedad del mal. Por ello era importante que desde la primera consulta yo rompiese, mediante mi llamado al padre, un proceso de complicidad madre-médico, madre-profesor, que convertía a esta niñita en el objeto exclusivo de una madre neurótica. La negativa del padre a permitir que la niña emprenda una cura psicoanalítica no tiene consecuencias tan graves como las que hubiese tenido un comienzo de cura en complicidad con la madre-médico contra el padre; esto hubiese equivalido a crear para la niña una situación perversa, sin otra solución para ella que el surgimiento de nuevos síntomas que aparecen como mensajes dirigidos al padre para significarle lo que se le oculta. Esta toma de conciencia de algo que podría ser cierto (pero que no se le ha formulado) es lo que provocó en Bernadette (Caso V) este brusco rechazo por la escuela bajo la forma de una crisis fóbica. Claramente ella nos dice, recordémoslo, que el aprendizaje escolar, el *saber*, constituye un peligro.

"Cuando se sabe todo, después está la muerte." En efecto, el problema del *apellido del padre* [2] fue planteado delante de ella, yo diría casi para ella, en la escuela. ¿Cómo decírselo a la madre sin que ella se muera de pena? Tal es la pregunta planteada por Bernadette (a su madre) en el momento en que un malestar se manifiesta en sus relaciones. El testigo que ella busca para su malestar, lo halla finalmente en la persona del analista.

Necesitaba a un tercero para que su pregunta tomase forma. Algunos meses de análisis permitieron a esta niña salir de sus dificultades (es indudable que necesitó esta crisis fóbica para poder plantear su imposible relación con la Ley).

En el transcurso de estas entrevistas centradas en las dificultades escolares, hemos visto hasta qué punto el síntoma es un lenguaje que debemos descifrar. El sujeto plantea su pregunta por intermedio de sus padres, para ellos o en contra de ellos. El recurrir a una opinión surge allí casi contra su voluntad.[3] La angustia es el motor de este llamado, y el síntoma aparece como una solución; en otros momentos, como un pedido de ayuda. En todos los casos, el sujeto busca

[2] Como lo hemos visto en la pág. 53, la niña, a la que el padre había reconocido, llevaba el apellido de éste. Hasta el momento de su ingreso en la escuela, se la llamaba con el apellido de la madre. La entrada en la escuela coincidirá con la revelación del *apellido del padre* y de lo que éste supone.
[3] A saber, la búsqueda en el discurso del Otro de una respuesta al sentido de sus dificultades.

un reconocimiento —yo diría casi que intenta afirmarse en el seno mismo de un símbolo—.

Por ello, es importante que el consultante oiga ese mensaje en el mismo nivel en que fue efectivamente planteado (nivel simbólico) y que se proteja del peligro de cerrar una posibilidad de diálogo interviniendo a nivel de lo real [4] (es decir, en una situación inestable) ya que esto abre la puerta a todos los malentendidos.

II. DIFICULTADES DE CARACTER

En el primer capítulo señalé ejemplos clínicos de gravedad creciente en niños rebeldes, malqueridos, incomprendidos, siempre descorazonados, cuya actitud de protesta frente al adulto o al mundo los convirtió un día en delincuentes. En ese estadio son todavía recuperables, con la única condición de que se los tome en tratamiento lo suficientemente a tiempo, antes de que el medio de reeducación los marque, quizás para siempre, en un rol de "fuera de la Ley".[5]

Lo que está en juego en estos niños es su necesidad de que se les reconozca su deseo. expresada a través de una lucha de prestigio al no haber podido manifestarla con la palabra. A partir de entonces, el sujeto se expresará con los símbolos del síntoma (actitud caracterial o delincuencia). Lo que surge en estos casos, es la forma en que estos niños encuentran obstáculos insalvables en alguna fase de su desarrollo. Se niegan a ser marcados por la confrontación con la Ley o, como dicen los psicoanalistas, por la amenaza de castración. Los efectos de este rechazo son las diversas formas de conducta de protesta. Sin embargo, la causa de los trastornos presentados reside en la relación del sujeto con aquello que, en el transcurso de su desarrollo, está destinado a marcarlo, a compelirlo. Por ello, lo que nos interesa en el síntoma no es el

---

[4] La intervención a nivel de lo *real* supone que el consultante toma la demanda de los padres al pie de la letra, e impide así que la pregunta que está implícita en la demanda se formule.

[5] Lo que es nefasto para este sujeto es la influencia de otros delincuentes o personas con dificultades de carácter. Corre el riesgo de acostumbrarse a sentirse solidario con los "oprimidos" (sus condiscípulos) frente al "opresor" (el adulto, independientemente de lo que haga).

objeto sobre el cual las dificultades parecen haberse canalizado, sino una cierta forma de relación del sujeto con el mundo.

El mérito de Lacan es el haber insistido en el hecho de que un síntoma se dirige a una especie de anonimato, a "ese nadie"; que subtiende un deseo que no es el deseo de un objeto, sino "deseo de una carencia que, en el otro, designa otro deseo".[6] Esto señala una vez más la importancia de que el psicoanalista no intervenga en el terreno de la realidad, a fin de dejarle al sujeto la posibilidad de una nueva dimensión que lo saque de una relación de servidumbre o de dependencia del Otro.

Ahora bien, cuando un niño presenta trastornos de carácter, de todos lados se le solicita al profesional que responda por medio de recetas educativas. En este caso más que en otros, importa salvaguardar una dimensión simbólica, y ayudar al sujeto a articular su demanda para que pueda otorgarle un sentido. Evidentemente no se puede en una sola consulta poner en claro lo que se esclarecerá en el transcurso de un psicoanálisis, es decir, la fijación del sujeto a tal o cual significante utilizado por él para articular su demanda. Pero se puede, al no intervenir en un nivel pedagógico, dejar abierta una pregunta y con ella la posibilidad de acceso a un psicoanálisis.

Busquemos ahora comprender el sentido de los síntomas caracteriales y delincuentes, a través de los casos clínicos presentados en el precedente capítulo.

"No estoy hecha para ser una mujer de hogar. Me pongo nerviosa, y los que pagan las consecuencias son los chicos", nos dice, recordémoslo, la madre de Thierry (Caso IX).

Se puede decir que, mediante sus trastornos, el niño expresa el malestar materno. Si la madre reaccionó ante el nacimiento de niños no deseados mediante una "exasperación"; es esta exasperación, en realidad, la que se esconde bajo una voluntad de imponer su deseo sobre el de los hijos. Thierry se siente arrinconado por la imposibilidad de expresar lo negativo sin que ello provoque de inmediato un drama. Sensibi-

---

[6] Lacan: *Formations de l'Inconscient*, 1957. (Hay traducción castellana: *Las formaciones del inconsciente*, Buenos Aires, Nueva Visión, 1970.)

lizado al rechazo materno, por compensación él se ha convertido en el "recio" que puede prescindir de todos pero que, en realidad, traduce con su conducta una confusión de su espíritu.

A la inversa de Thierry, Lucien (Caso X) no tiene "pasta" para convertirse en un niño con problemas de carácter; él es el objeto pasivo de una madre que decreta: "el chico es asunto mío", "él (el padre) no tiene nada que ver en esto". En cuanto a sus deseos, Lucien no tiene ninguno, no quiere ser reconocido. Sin embargo existe un malestar, ya que él siente la necesidad de significarlo mediante trastornos anoréxicos y fóbicos. De esta forma, incluso, bosqueja un tímido intento de salir del circuito materno.

Catherine (Caso XI) es, de la misma forma que Lucien, el objeto exclusivo de su madre, pero de una madre depresiva a quien su marido abandonó. La niña tuvo que enfrentar este abandono en la madre y soportó con dificultad su peso. Recordemos sus propias palabras: "Hasta tal punto soy todo para ella que, cuando no está, ya no soy nada más, malogro todo lo que hago."

El fracaso de la relación de Catherine con su madre suprimió en ella toda posibilidad de relación con el padre y, más tarde, la posibilidad normal de identificación femenina (al no haber podido confrontarse con las "insignias" del padre). En el caso de Catherine, los abandonos han sido tan precoces (recordemos el rol traumatizante de las nurses) que no supo encontrar más tarde en sí misma el medio de simbolizar lo que actuó en ella como privación en sus demandas.

A Simón (Caso XII), por el contrario, le satisfacieron siempre todas las demandas; estas, sin embargo, no tuvieron que enfrentarse con el significante paterno (ya que la madre, recordémoslo, procedía de forma tal que el padre se mantenía al margen de toda sanción).

Al no haber sido marcado por las insignias,[7] de las que el padre es el punto de apoyo, Simón fue incapaz de otorgar a sus demandas una significación diferente a la del plano de una estricta realidad. No hay lugar en él para una asunción de su masculinidad. Al carecer de un padre prohibidor, sigue sien-

---

[7] Insignias del padre: lo que el padre representa para el sujeto en un plano inconsciente, como soporte simbólico.

do el adolescente eternamente insatisfecho. Recordemos aquí esta frase: "Cuando me aburro rompo faroles", es decir, mido mi fuerza bruta, y no corro el riesgo de encontrar un interlocutor a ese nivel. En el caso de Simon se comenzó un psicoanálisis, pero presentó muchas dificultades porque el sujeto había hallado ya una especie de equilibrio en actos delictivos inscriptos en una ideología neofascista. A ese padre, de quien la madre lo había separado, había intentado encontrarlo a través de un espejismo de fuerza política. A partir de ello, una psicología simplista lo llevaba a reducir toda demanda a nivel de las necesidades, aceptando así la violencia y el robo.

En realidad, lo importante para Simón es hallar a cualquier precio un Otro que no acepte ser marcado por la Ley (ese primer Otro fue de hecho la madre, que siempre se puso al margen de la Palabra del Padre).

Esta complicidad madre-hijo, que por su carencia de toda identificación masculina válida lleva a conductas delincuentes, se presenta también entre niños y abuelos maternos (tal como lo ilustran los Casos XIII y XIV). Los perjuicios son idénticos en ambos casos, ya que el niño no marcado por el padre queda librado a sus propios caprichos y a todas sus exigencias. Su omnipotencia es el reflejo de la omnipotencia materna. En cierta forma, vive aprisionado por un sueño que en algunos casos tiene todo el colorido de un buen "western".

Ese mismo esquema familiar, acompañado por una carencia o una ausencia de afectividad materna, precipita conductas asociales que, en realidad, son reivindicaciones de amor. Para expresarse, solo encuentran como medio una protesta ruidosa. Incómodos en sus crisis de oposición, estos niños están a menudo dispuestos a dejarse ayudar. Lo absurdo o la gravedad de sus gestos (incendio, accidentes provocados) es a menudo el equivalente de un suicidio. Estos sujetos intentan hacer nacer un proceso de simbolización que los ayudaría a vivir (aunque quizá no sea nada más que un intento de eternizar sus deseos) a través de la muerte de algo o de alguien.

El hecho de que el delincuente presente por un lado una cierta seguridad y perseverancia en su voluntad de hacer el mal: "solo me gustan los vagos, no quiero hacer nada" (Caso XIX), no es más que el reverso de una angustia a menudo dolorosa: "si yo reviento, nadie me llorará". A esto podríamos agregar: dada la ausencia del Otro ¿para qué tener deseos? Ya que para él no existe el Otro, no tiene ninguna posibilidad de ser reconocido como sujeto. A partir de ahí nada tiene importancia, "todo esto son tonterías, el mundo es tonto y yo quiero *decírselos*", a través de mis actos delictuosos. Esta es, según lo vimos, la posición de Samuel (Caso XIX).

"Yo conozco a los psiquiatras — me dice René (Caso XX) —, no le diré a usted una sola palabra." En realidad, René nunca ha sido *escuchado* a través de sus síntomas; estuvo internado 7 años en una Casa de Reeducación. Esta volvió imposible toda expresión de la demanda a través de la palabra, lo que dio lugar al drama de tener delante nuestro, a los 15 años, a un delincuente confirmado; en efecto, él comprendió que solo su síntoma le permitía una posibilidad de expresión o, más bien, de protesta, en un mundo que él considera peligrosamente hostil.

Este ejemplo contiene muchas enseñanzas para nosotros. El niño entró en el círculo de las consultas a partir de la edad de 7 años. Al no haberse escuchado a tiempo su queja y su angustia, a través de sus crisis de carácter, se lo convirtió en un rebelde confirmado que, de acuerdo con sus propias palabras, "conoce bastante bien el medio médico"[8] y se encuentra cansado, desilusionado de los médicos, educadores, asistentes sociales, en resumen, de todo lo que hubiese podido simbolizar para él un intento de recuperación o de curación. Esa angustia que se encuentra en el fondo del delincuente, no existe prácticamente en el perverso. Intenté señalar este hecho en el Caso XXI. Emilienne, niña perversa, está abolida en el plano simbólico, no existe como sujeto, sirve al deseo materno. Es en función de todo ello que se libra con toda tranquilidad a su juego favorito: la destrucción a escondidas de los objetos preciosos y de las flores. No existe ningún pedido de ayuda, ningún mensaje que se le pueda hacer llegar. Mientras que, por el contrario, en el delincuente, aun en el más rebelde, parece vislumbrarse siempre un pedido de ayuda que se hace oír desde el fondo de su angustia y de su drama.

[8] Es evidente que el medio médico y el de los educadores, en el plano *imaginario*, ha sustituido para el sujeto a la imagen paterna. La introducción de un tercer término (psicoanálisis) habría permitido que el sujeto aceptase ese medio que, *en la realidad*, hacía lo imposible por ayudarlo.

III. REACCIONES SOMATICAS

En el primer capítulo, referí dos casos de incontinencia (uno de los cuales estaba asociado a una delgadez patológica), un caso de jaqueca en un niño asmático, un caso de insomnio en un alérgico, un caso de insomnio al que siguió una anorexia. Esto es demasiado poco como para que podamos tratar en forma adecuada este problema (que, por otra parte, ha sido estudiado por autores como Balint y, en Francia, Valabrega). Pero, como ya lo he dicho, lo único que pretendo es dejar un testimonio sobre lo que el sujeto ha podido aportar en una primera consulta. Estos niños, que han venido con síntomas orgánicos, han sido derivados a mí por el pediatra, preocupado por el alto número de consultas médicas de que ya habían sido objeto.

En este caso, como en otros, me enfrento enseguida con la palabra de la madre: "Si no hubiera tenido hijos, hubiese podido seguir a mi marido en sus viajes" (Caso XXII). "¿Qué hacer si ella (la hija) me dice un día: en casa de los demás puedo vivir, pero no en la mía?" (Caso XXIV). "Mi hijo soy yo, somos iguales" (Caso XXV).

En estos casos, la enfermedad parece ser siempre una *garantía* para la madre contra las propias tensiones de su libido,[9] y se inscribe en un contexto fóbico. El síntoma del niño oculta la angustia de la madre; la principal preocupación de esta, como Freud lo señaló en el caso de la histeria de conversión, es el combate contra el síntoma. En algunos casos, este sirve a la madre como pretexto para sustraerse a los requerimientos del mundo exterior (la fragilidad del niño es pretexto para no viajar, no salir, no trabajar). Si no se comprende a tiempo la naturaleza del síntoma en la vida fantasiosa madre-hijo, se corre el riesgo de fijarlo y de hacer que el sujeto se estructure de acuerdo con un modo de defensa obsesivo, en cuyo caso el beneficio secundario para la madre es la prolongación de la represión. De esta forma, y mediante la enfer-

---

[9] La madre de Charles (XXIII) sufre la ausencia de su marido, la madre de Monique (XXIV) rechaza las relaciones sexuales con el suyo, la madre de Arthur (XXV) vive en la preocupación de estar embarazada, la madre de Paul se sintió avergonzada de estar encinta cuando su hijo mayor tenía ya 25 años.

medad, madre e hijo escapan a la situación de peligro presente en la angustia.

Cuando la madre de Charles (Caso XXIII) viene a verme, lo hace para hablarme ante todo de su soledad y su pena por estar alejada del marido "a causa de los hijos". Agrega que le gustaría trabajar, pero que no lo puede hacer "a causa de los niños, a quienes hay que vigilar y cuidar". Ni siquiera encuentra tiempo para leer, ya que Charles acapara todo su tiempo con su incontinencia. Ya en el colmo, tiene que pensar en las necesidades físicas de su hijo,[10] y hemos visto que la única forma de que este disponía para escapar al deseo materno era no tener más un cuerpo, ni deseos. El rechazo por parte de la madre de una cura psicoanalítica, en este caso, parece tanto más curioso cuanto que el síntoma del niño ha sido ya objeto de innumerables consultas médicas. Proponerle algo que podría tener éxito sitúa brutalmente a la madre frente a su propio problema (a saber, su angustia); "es demasiado pronto —parece decirme—, no precipite nada, por un tiempo, déjeme aún protegida", es decir, protegida por el síntoma del hijo.

Hemos visto la gravedad de las jaquecas de Monique (Caso XXIV) que convierten casi en una inválida a esta niña de 12 años (clases de horario corto, ausencia de deportes). El asma es compartida con la madre, de forma tal que no sabemos ya quién inaugura la crisis e invita de esta forma al otro a compartir su lecho. ¿Es tal vez la ansiedad de la niña que llama a la madre? No lo creo. Ocurre más bien lo contrario; la palabra de la niña nos permite aprehender una cierta verdad. Recordémosla (XXIV): "Cada quince minutos mi mamá me pregunta si me duele la cabeza. Papá no quiere, pero no es él quien manda. Entonces mi mamá me interroga, me hace tomar pastillas; para ayudarme siempre quiere hacerme algo."

La niña puede formular este discurso con una lucidez tan grande debido a que, mediante su anorexia, bosqueja ya una huida fuera del universo cerrado materno. Al explicársele a la pareja el sentido de sus dificultades, con referencia al mundo fantasioso de la madre, es el *padre* y no el analista quien dice a su mujer "la pequeña te sirve para escaparte de mí" (en

---

[10] La madre me dice: "Soy yo la que sabe cuando mi hijo tiene necesidad de hacer pipí".

realidad; muy a menudo, para sustraerse a las relaciones sexuales).

¿Quién de las dos necesita en este caso un psicoanálisis?

¿La madre, para atreverse a vivir con su marido, cuando está alienada en sus propios padres, o la hija, para sentir el derecho de dejar de ser para su madre un objeto contrafóbico?

En estas situaciones en las que madre e hijo sufren en su cuerpo un malestar idéntico, el problema nunca es simple.

En el caso de Arthur (XXV), la solución no es fácil. En algunas oportunidades, tenemos derecho a preguntarnos si la enfermedad del niño no actúa como una pieza esencial del equilibrio de la madre: "Mi hijo, soy yo, somos iguales". Una respuesta semejante evoca una situación en la que madre e hijo, en el plano fantasioso, tienen prácticamente un único y mismo cuerpo. Muy a menudo, el problema que aqueja a la madre es mucho más grave que el del hijo, pero este paga peligrosamente con su cuerpo la neurosis materna. El caso de Paul (XXVI) es interesante en la medida en que esta madre, relativamente equilibrada, no tiene problemas graves con sus otros hijos. La llegada de un último bebé, en el momento en que los mayores están ya en edad de casarse, llenó a la madre de culpabilidad y de vergüenza. "¿Qué van a decir (las otras mujeres), viéndome embarazada otra vez a mi edad?"

Y, lo hemos visto, desde los primeros meses Paul va a manifestar síntomas llamativos (alergia espectacular de la piel, espasmos de llanto, insomnio y, más tarde, anorexia) como eco, según parece, de la angustia materna.

Se creó una relación fóbica madre-hijo que desapareció bruscamente con la introducción del padre en esa vida. Al ayudar a la madre a recurrir a un tercer término (el padre, que establecía la Ley para ella y su hijo), el analista permitió al niño y a la madre interrumpir el interrogatorio ansioso sobre sus deseos recíprocos y poner fin a una pregunta que no podía más que permanecer sin respuesta ("¿qué quiere de mí para llamarme de esa forma?"). A partir de ese momento, el niño pudo tener deseos fuera de los de su madre, y ella encarar otras ocupaciones que el niño. La situación pudo solucionarse con facilidad debido a que se trataba, recordémoslo, de una madre relativamente equilibrada, en un estado de angustia pasajera, agravada por las predicciones del médico tal como ella las había comprendido: "Si usted no lo quiebra antes, este niño la quebrará a usted, señora". Solo el recurrir al padre podía romper con esta relación de fuerzas, que se instaló desde entonces entre madre-hijo para colmar la angustia de uno y otro ante sus exigencias respectivas.

Estos ejemplos señalan la conveniencia de que, cuando los casos son serios y rebeldes a todo tratamiento tradicional, el pediatra recurra a una investigación psicoanalítica.

La formación psicoanalítica del pediatra le permite (como nos lo recuerda el Dr. P. Benoit) enfrentar estos casos de urgencia en los que el niño en peligro de muerte es salvado en forma evidente por la Palabra del médico (dirigida al sujeto o a la familia). Al descifrar el secreto incluido en el síntoma, se le permite expresarse en un lenguaje diferente al del cuerpo.[11]

IV. ESTADOS PREPSICOTICOS Y PSICOTICOS

En los casos psicosomáticos, el sujeto expresa en términos de malestar corporal dificultades que no logra traducir en un lenguaje articulado; el psicótico, por su parte, vive a nivel del cuerpo toda amenaza que supone para él una relación con el Otro.

¿Qué perturbaciones hay en la madre para que la respuesta del sujeto a su discurso sea la alienación? ¿Qué lugar ocupa el niño en el mito familiar para estar condenado hasta ese punto a un cierto rol, del que nada ni nadie puede desalojarlo?

Estas son, entre otras, las preguntas que me hago cuando me entrevisto con la familia de un psicótico. En el primer capítulo he relatado dos casos de mutismo psicógeno. Raoul (Caso XXVII) tuvo dificultades físicas penosas desde su nacimiento, a las que se agregó (recordémoslo) una separación de la madre a la edad de 1 año; Lina, por su parte (Caso XXVIII)

---

[11] Esto, evidentemente, es válido solo en los casos sumamente graves (sin organicidad francamente establecida) que tienen relaciones perturbadas con un medio patológicamente angustiado. El mérito del médico es el de saber reconocer el factor neurótico a través del peligro real de muerte, es decir, no dejarse engañar por la pura "organicidad" del síntoma presentado.

nació con buena salud, y durante su primer año de vida no padeció ninguna agresión somática. También a la edad de 1 año le fue impuesta una separación.

Al parecer, es en función de la primera relación con la madre que la separación en uno y otro caso va a asumir una marca significativa, determinante para la evolución futura de ambos.

Con la desaparición de su madre, Raoul pierde al interlocutor de sus malestares somáticos; la separación le permite recobrar su salud, pero se reintegra al hogar familiar como fóbico grave. Por otra parte, no sabe ya qué hacer con sus brazos. El traumatismo de la separación es vivido a través del lenguaje corporal (pierde toda función dinámica), pero al parecer Raoul conservó una posibilidad de simbolización. Juega a rechazar a la madre para obtener tiránicamente su presencia.

Lina, por su parte, nunca existió para su madre. La separación provocará una *angustia física*: la niña perece a nivel de su cuerpo. Es devuelta enferma a su madre. La presencia de un adulto estable le permite recuperar la salud, pero mediante su *mutismo* ella sigue expresando su angustia. "Estos niños son una pesadilla", dice la madre. Se ocupa de ellos, recordémoslo, solo los domingos; ese día Lina se adhiere desesperadamente a ella, y la madre, para responder a este llamado, solo encuentra palabras de rechazo. La niña se enfrenta con una pareja de padres abandónicos; no está "impulsada a vivir", como Raoul, por un padre que tenga existencia en la madre. Su angustia es más intensa, y la oposición de su carácter la protege, pese a todo, de una psicosis. En su relación con el Otro ella busca una posibilidad de comunicación. Incluso, no sería inexacto decir que ella existe agresivamente, frente a una pareja depresiva, y que esta es su manera de obligarlos a ser.

Para la madre de Noëlla, el embarazo constituye la señal de un peligro vivido a nivel de su propio cuerpo; "algo sucederá" se dice... y poco tiempo después vive un episodio depresivo agudo.

Si Lina fue rechazada, Noëlla, incluso antes de nacer, puso en peligro a la madre y fue la causa de la ruptura del hogar. "Esta niña provocó nuestra desunión" dice el padre. En realidad, Noëlla hereda la carga de significar a los padres su propio desentendimiento. Entre sus hermanos ocupa el primer eslabón de una cadena en la que, a partir de ella, los niños por venir no serán ya asumidos por la madre, según lo que ella misma confiesa. Incluso antes de nacer, Noëlla pone a prueba la salud y la razón maternas. Y ella debe desarrollarse en lo hondo de esta cicatriz. Para responder al discurso de la madre la niña no encuentra nada más que la alienación, se vuelve totalmente ausente, totalmente indiferente a toda presencia humana.

Por otra parte hemos visto cómo Henri (XXX), en su discurso, expresa su alienación. En su caso, no pude ver a la familia, pero el niño pudo situarla admirablemente y se adivina en qué clima familiar él se vio obligado a escoger su respuesta psicótica.

En estos casos, solo un psicoanálisis puede intentar devolver la razón al sujeto mediante la desalienación de su palabra. Si Noëlla no tiene un lenguaje a su disposición, Henri nos sumerge en un lenguaje que excluye toda palabra que le pertenezca como propia.

¿Es posible que Noëlla sea una retrasada grave? ¿Cómo estar seguro de lo contrario? ¿Y tiene alguna utilidad saberlo? En un primer estadio, ¿no es mejor comprender el lugar que ocupa el sujeto en el mito familiar, para poder, si aún es tiempo, darle una significación diferente a la que le es asignada por las fantasías maternas?

Raoul y Lina van a poder solucionar su problema mediante una ayuda psicoanalítica. En el caso de Noëlla, en la primera entrevista algo importante fue comprendido por la pareja paterna que, de esta forma, podrá quizás evitar la prolongación de su desentendimiento. En cuanto a la niña, está muy destruida, y quizás incluso condenada a no curarse, dado el alejamiento geográfico de los padres de todo centro psicoanalítico. En cuanto a Henri tiene más suerte; son más bien sus padres los que quedan en la oscuridad, y me atrevería prácticamente a decir: con la muerte como compañera...

Las entrevistas con los padres de niños psicóticos pueden revelarse como muy "desoladoras" y también como desesperadamente "vacías". Un niño muy dañado, dos horas de conversación trivial con la madre, la imposibilidad de aprehender algo significativo en la génesis del caso: todo aparece como normal. El analista busca en vano confrontar una anamnesis "pobre" con resultados de exámenes psicológicos también precarios a veces, vacila en dar un diagnóstico... La introducción del niño en el consultorio basta, en algunos casos, para cambiar una situación, o más bien para hacerla aparecer en su verdadero aspecto. Son muchos los niños esquizofrénicos que "hablan" en ausencia de su madre, proporcionando un discurso de una riqueza sorprendente; son muchos, también, los que ni siquiera tienen un lenguaje a su disposición. Separados de su madre, están perdidos, y ellas también porque son incapaces de recordar nada patológico en la historia del sujeto si no está en su presencia. La entrada del niño proporciona a la madre de inmediato una posibilidad de expresión. En primer lugar, se produce el encuentro de los cuerpos: el niño intenta hundirse en el seno materno, se refugia claramente en ella antes de tomar conocimiento de los objetos de la habitación. La madre, entonces, puede comentar la situación: "Había olvidado decirle que él siempre necesita un intermediario para expresar su hambre, su sed, sus deseos."

"Es curioso, basta con que él esté ahí para que yo me acuerde... Siempre ha estado muy rodeado, cada vez que se le da un poco de alimento él se escapa. Lo que quiere es que le dé de comer sobre mis rodillas. Como está enfermo, mi marido nunca interviene, como es natural"...

Y en otros momentos, ella encuentra la oportunidad de disculparse: "Estoy tan acostumbrada que me olvido de lo tiránico que es; estamos contentos de que viva, entonces todo el resto lo aceptamos."

No siempre es posible percibir desde un primer momento ese vínculo madre-hijo tan particular o, más bien, la madre no está en condiciones de expresarlo, sin la presencia de este niño. Su presencia le permite acceder a un cierto grado de verdad en el discurso. En cuanto al niño, la presencia materna le permite significar a un tercero su modo de relación con el Otro; mediante su cuerpo él nos muestra hasta qué punto él desea ser solo uno con su madre. Sin embargo, se trata de una forma de parasitismo en la que ambos están empeñados. La comprobación de la ausencia del padre en esta relación, por más que sea evidente para el analista, no lo es para la pareja madre-hijo. Si el niño debe comenzar un tratamiento, el mismo puede desarrollarse en esos casos solo en presencia de la madre, tal es el grado en que el lenguaje de uno necesita al Otro para hacerse oír, y a menudo solo durante el transcurso del análisis el drama familiar podrá ser entrevisto con claridad. En una primera consulta, este tipo de familias nos aporta una respuesta determinada que le sirve de solución a una situación. Lo que se debe cuestionar, a través de las vías que sean necesarias, es esta respuesta; ello plantea, por otra parte, muchas dificultades (ya que la "curación" del niño modificará una *situación*, hecho que la madre inconscientemente rechaza).

Para niños psicóticos, para niños retrasados, la primera consulta puede ser la oportunidad de entrar por primera vez en un diálogo, a partir de un discurso dirigido a nadie, a partir, incluso, de una ausencia de discurso. Lo que se debe lograr verbalizar es una situación familiar, para desmistificar vínculos y esclarecer una relación imposible, en la que no está previsto ningún lugar para el niño como sujeto.

3
LOS TESTS

En el momento en que se realiza la entrevista con los padres, la anamnesis le permite al consultante esclarecer una cierta estructura familiar; la entrevista con el niño por su parte, facilita la comprensión de una situación y, en la mayor parte de los casos, es sumamente importante en el diálogo que se establece luego con la familia.[1] El examen del niño asume un valor de testimonio para lbs padres. Se trata de *textos*, podrán decir algunos, se podrá leer en ellos, al igual que en una radiografía, los diversos aspectos de las deficiencias, la causa del mal. "La medición de la aptitud" en vistas del mejor rendimiento posible es una idea muy difundida en el público, que está convencido de que el psicólogo posee el secreto de una orientación exitosa.

En inglés, la palabra "test" significa "prueba", y, efectivamente, el niño considera a la entrevista con el psicólogo como si se tratase de un examen. En el transcurso de los últi-

[1] No siendo médica, siempre elaboro el legajo de la primera consulta (entrevista con los padres, examen del niño) y lo dirijo a un psicoanalista médico, un psiquiatra o un pediatra. Ellos, en cierta medida, son los que sancionan las perspectivas que señalo. Este trabajo de equipo es muy rico, les permite a los padres y al niño disponer del tiempo necesario para elaborar lo vivido, después de un cuestionamiento que suele ser penoso.

mos 50 años los investigadores intentaron elaborar diversos métodos de medición de las aptitudes mentales; no solo se mide cuantitativamente la inteligencia, sino también se la analiza cualitativamente. Se intentan apreciar con precisión las posibilidades de atención, de memoria, del sujeto. Por otra parte, se elaboran pruebas de lateralidad para comprender la organización espacial del niño, se utilizan pruebas motoras para apreciar su desarrollo motor. En resumen, existen múltiples métodos de "mediciones" tanto en el plano intelectual como pedagógico. También se ha desarrollado una gama no menos considerable de tests para apreciar el carácter e incluso la "moralidad" del sujeto. En resumen, se intenta cada vez más aprehender su personalidad, a la que, por otra parte, no se vacila en evaluar mediante criterios estadísticos. El niño, verdadero animal de laboratorio, es prácticamente fichado de acuerdo con criterios reconocidos universalmente. Es evidente que el alcance de este examen es diferente según que lo efectúe un psicólogo o un psicoanalista. Mi intención no es la de criticar desarrollos psicológicos de primera importancia. Pero me propongo examinar el aporte de la dimensión psicoanalítica, que solo el psicoanalista puede tener en cuenta en el momento de hacerse una evaluación psicológica. En efecto, él no puede ser insensible desde un primer momento a esta "puesta a prueba" del niño, y al peligro que significa toda puntuación impersonal. Tanto si lo desea como si no lo desea, el psicoanalista, en tanto que examinador, ocupa un lugar en la fantasía parental. Se nos pide que *clasifiquemos* a este niño, que lo hagamos salir de una penumbra, ¿pero para qué? Pues para orientarlo, para atenderlo. Sin embargo, nunca se trata de eso solo. Al clasificarlo, lo que se busca antes que nada es calmar la angustia parental.

El niño, inmovilizado a veces en una especie de pánico, espera también la palabra del psicólogo, su veredicto, como una salvación. ¿De qué? Ello no está claro. "Usted me va a decir lo que deseo hacer." "Usted me va a decir lo que usted piensa que yo tengo que hacer." Tanto si lo desea como si no lo desea, se le propone al examinador incluir a este niño en su propia fantasía fundamental, convertirlo en testigo de sus exigencias personales. Esta trampa es, precisamente, la que se debe evitar.

Se debe ayudar al niño a reconocerse. Para ello, es importante que evitemos manifestar nuestra opinión sobre lo que él debe ser (ya que, si actuásemos de ese modo, el niño ocuparía el lugar del significante del Otro y no podría ya significarse), no haríamos más que perpetuar una historia familiar determinada de la que el niño no logra tomar la distancia necesaria. Al igual que los padres, corremos el riesgo de designarle un lugar, el vacío que se le pide que llene. Si este vacío es el del Otro, puede llenarlo solo a expensas de distorsiones intelectuales, escolares o de carácter. El examen de un niño, por anodino que sea, pone siempre en juego, en forma inmediata, resonancias familiares.

— ¿Quién eres tú que vienes a verme?
— Tú vas a decirme quién soy.
— ¿Por qué vienes? ¿Qué deseas?
— Nada, me traen, eso es todo.
— ¿Qué es lo que anda mal en la escuela, en tu casa?
— "Ellos" se lo dijeron, ¿no es así?
— Me gustaría que me digas algo más.
— Es la escuela, "ellos", los de casa, no están contentos, me hacen reproches.
— ¿Eso te molesta?
— Claro, no están contentos conmigo.
— ¿Quieres que veamos juntos cómo podemos ayudarte?
— Bueno, sí.

Esta suele ser la forma en que se anuda el diálogo con un niño que por lo general, y en un primer momento, se sitúa en relación con el deseo parental. "¿Qué quieren de mí y qué puedo hacer para satisfacer sus sueños?" Esta pregunta implícita suele ser demasiado a menudo el punto de partida de las entrevistas. Si se la deja de lado se corre el riesgo de omitir una dimensión esencial. Considero a los tests solo como un medio y no como un fin. Los utilizo en un diálogo en cuyo transcurso intento desentrañar un *sentido*, por supuesto en función de un cierto esquema familiar. Por lo tanto, tengo especialmente en cuenta al *discurso* del sujeto. A ello se debe mi constante negativa a realizar exámenes fragmentarios. Tanto el nivel del ci como la gravedad de los trastornos de la atención, las dificultades en el campo de la abstracción o un trastorno escolar tienen sentido solo en el seno de una historia.

Robert, 15 años, tiene dificultades en matemática. El descenso de su nivel escolar es tal que el colegio lo "orienta" y le aconseja el abandono de los estudios... El sujeto está en *3ème.* Su nivel intelectual es superior al medio. El escolar es muy capaz en el plano de la abstracción, pero nulo en la escuela, y, por otra parte, parece estar inmovilizado en una estructura obsesiva.

"En mi familia todo el mundo es nulo —nos dice un día—, mi abuelo era egresado del Politécnico. Después, nadie pudo llegar a serlo."

¿Qué hacer? ¿Orientarlo hacia las carreras literarias, en función de su inaptitud para la matemática?

Lo que se decidió en este caso fue emprender un psicoanálisis, para ayudar al sujeto a superar una identificación con un padre cuyo valor nunca fue reconocido por su propio padre.

Había una vez un abuelo egresado del Politécnico... Después todo se detuvo, todos se vieron inmovilizados en la actitud que les confirió su neurosis.

Robert está condenado al fracaso mientras se mantenga en el lugar designado por el padre. Mediante su fracaso, él revive un conflicto de otra generación. "Si mi padre me hubiese tratado en forma diferente, yo no estaría 'acomplejado'", dice el padre de Robert, que utiliza a pesar suyo a su hijo mayor como medio para expresar reivindicaciones estériles. Robert debe significar el fracaso; sin embargo, este padre, al mismo tiempo, sueña con que su hijo lo vengue, mediante su éxito, de su propio fracaso —lo que provoca las crisis de rabia impotente y los dramas familiares centrados en las malas notas—. La verbalización de los· resultados de los tests se presenta, antes que nada, como una reestructuración, dirigida al padre, de la significación de los trastornos de su hijo. Mediante el examen psicológico se pudo denunciar el lugar ocupado por el sujeto en el mito familiar; sin duda, no por ello curábamos al padre, pero lográbamos desalojarlo de una cierta mentira. Esto permitiría luego ayudar al hijo a evolucionar "por su propia cuenta". Tomar al pie de la letra el fracaso en matemática para orientar al sujeto hacia las letras (o hacia el abandono de los estudios secundarios) implicaría no oir el mensaje incluido en el síntoma, cuya función es la de garantizar la función del padre. La continuación de la historia, en efecto, nos permite observar que el padre, trastornado por el éxito de este hijo en el transcurso de la psicoterapia, va a encarnar en otro hijo el mismo tema familiar, situándolo también en el lugar de mal alumno. Esta situación es posible, en realidad, solo porque detrás de la imagen paterna se perfila, además, la figura de la madre, mucho más ligada a su propio padre que a su marido; pero esta es otra historia. Por el momento, nos basta con ser sensibles a las resonancias inconscientes de este examen psicológico para poder darle así la única dimensión que permite su utilización eventual: nos referimos a su dimensión histórica.

El examen psicológico realizado por un psicoanalista no será nunca un informe riguroso de "mediciones intelectuales o escolares", ni tampoco la descripción de una conducta. El balance no será establecido a través de la presentación del sujeto o a través de su rendimiento. Intento siempre situar los datos que obtengo en una dinámica que tenga en cuenta la acción recíproca de la demanda y del deseo en los vínculos padre-hijos.

A priori, no "oriento" nunca, y siempre me sorprenden las "orientaciones" imperativas que se realizan en algunos casos. El fracaso de estas orientaciones nos permite comprender que, al pronunciarse al nivel de una objetivación de los resultados, el psicólogo se hace cómplice de las dificultades familiares. "Reorientado", el niño, en algunos casos, es apresado en una trampa, en el seno de un malentendido cuyo alcance o extensión no siempre se estiman en grado suficiente. El programa escolar ha sido elaborado para todos y antes de toda orientación se deben estudiar las causas del fracaso. Sin duda, hay alumnos brillantes, y mediocres; hay "nulos en matemática", "buenos en composición", y disortográficos. No toda deficiencia escolar significa "perturbación afectiva". La deficiencia intelectual existe y no pretendo negarla; tampoco intento cuestionar un tipo de orientación oficial, que, teniendo en cuenta el deseo de las familias, y las posibilidades del niño, dirige a este hacia la sección que se considera más adecuada para sus aspiraciones. Lo que cuestiono es toda orientación, todo examen efectuado con un niño que afronta dificultades neuróticas. En dichos casos la orientación, por lo general, corre un mayor riesgo de realizarse a partir de un fracaso, en lugar de basarse en las posibilidades reales del sujeto. En estas situaciones se debe escuchar al mensaje más allá de toda medición.

La mala organización temporo-espacial, la incordinación psicomotora del sujeto no exigen en forma automática una reeducación. Puede suceder que ese sea el único modo de expresión del niño: "Vea —parece decirnos— este cuerpo que no me pertenece. Yo no lo controlo y poco me importa entonces mi posición en un punto dado del espacio. Vivo sin puntos de referencia. La brújula, la tiene mi mamá." ¿Qué desea mi madre? Esa es la pregunta que parece plantear, pero la responde prohibiéndose la motricidad. Su cuerpo se inmoviliza. Un estudio más profundo, en efecto, nos informa sobre la importancia de las fantasías de agresión en estos niños en los que el deseo materno: "que sea inteligente y ágil" recubre a veces otro deseo: "que muera". Si nos limitamos a reeducar al síntoma, corremos el riesgo de inmovilizar al niño en una estructura obsesiva; de este modo, no podrá ni siquiera utilizar lo que se ha "reeducado". Ello señala la importancia de que en la anamnesis y en los tests el analista logre distinguir:

1. El síntoma que tiene valor de mensaje (y que debe ser escuchado en el transcurso de un psicoanálisis).
2. El síntoma que no tiene valor de mensaje y que puede ser reeducado sin perturbar al sujeto en su relación con el mundo.

Es innegable la utilidad que presenta la detección precoz de las diversas formas de inaptitud para facilitar su solución; no menos importante, sin embargo, es atenuar el dramatismo de estos exámenes o, más bien, comprender el alcance psicológico que estas "mediciones de la inteligencia" tienen tanto para el niño como para la familia. Estos resultados están inmersos siempre en un cierto contenido fantasioso. Puede ser útil decir a un padre: "Usted ve, su hijo no es como usted cree, es inteligente, aun si es mal alumno." Esto, sin embargo, solo puede ser oído en la medida en que el adulto esté dispuesto a oir. Se utilizan demasiado a menudo fragmentos de exámenes de este tipo para decir: "Lo sabía, está condenado a ser solo eso", es decir: "Mi hijo o mi hija deben seguir ocupando siempre ese lugar, no quiero que usted lo saque de ahí." El niño, por su parte, es sensible a todo veredicto que podría confirmar el sentido de la condena parental. Por ello, la multiplicación de exámenes psicológicos en el establecimiento escolar comporta un peligro originado en el carácter demasiado afirmativo que el psicólogo o el orientador suele otorgar a las conclusiones. Después de todo, y nunca lo repetiremos en grado suficiente, se debe considerar a los tests como ensayos (con sus posibilidades de errores) y no como textos legislativos que ordenan tal o cual orientación.

Señalemos una vez más que no nos proponemos hacer una crítica de la psicología como método de investigación, sino alertar al público sobre una vulgarización demasiado simplista de los diversos métodos de investigación psicológica. Los intentos de catalogar a un niño encerrándolo en un marco estrecho de mediciones o de observaciones experimentales presentan siempre ciertos riesgos. En esos casos se omite siempre lo esencial, que remite a la relación del sujeto con su ser. En el transcurso del análisis se podrá observar con claridad hasta qué punto el aislamiento como síntoma del factor "dificultades escolares", realizado durante el examen, fue artificial. En efecto, y como ya lo he señalado, no se puede comprender la significación del síntoma si no se esclarece el lugar que él ocupa en la articulación de los efectos de la demanda y del deseo, puntos de apoyo de la relación del sujeto con el Otro.

"Vengo a consultarla para poder estudiar"...; cuán a menudo oímos esta frase en el ambiente estudiantil. En realidad, ella es siempre una máscara, que oculta una verdad situada en un plano distinto. La angustia del sujeto desborda casi siempre el marco de los motivos por los que consulta. Por ello, nunca se los debe tomar al pie de la letra y se debe oír lo que puede surgir en un discurso más allá del síntoma. Así, y después de que expresó el deseo de poder estudiar; Félix se planteó luego la pregunta: "¿Pero para qué?"

¿Acaso su hermano, mediante sus fracasos escolares, no ganó sin demasiado esfuerzo, al ser asociado a los negocios del padre? ¿Qué puede entonces ganar él con un éxito en sus estudios? Apresado en el mundo de fantasías de su madre, tiene la impresión de que nada le pertenece realmente. Cuando escoge una orientación escolar o profesional, reacciona de inmediato mediante una especie de huida, de no compromiso, como si la elección le incumbiese a otra persona. El dinero que podría ganar está desprovisto de todo sentido, al igual que el deseo sexual. "Cuando tengo deseos, eso me trae ideas. Estoy yo en el medio pero todo eso no se comunica; y el amor, puede transformarse en muerte. Siento como si en todo deseo, siempre estuviese tan presente la muerte como la vida y además, ¿qué es la vida? La vida no tiene sentido, la muerte sí que la tiene."

Cuando Félix empieza a ganar dinero, se priva, no va más a los espectáculos, ni siquiera se atreve a beber una copa en el café. En ese momento, tiene frente a sus necesidades la misma actitud rígida que su madre y se hace la vida imposible. También, los deseos sexuales lo sumergen en un estado de pánico, como si siempre estuviese apresado en una alternativa de agresión (de sí mismo o del otro) o de regresión (fijación en un momento de su historia, con el deseo fantasioso de detener al tiempo y al mundo). En esta perspectiva, considera a la cura como un peligro. "No quiero curarme demasiado rápido, tengo deseos de proceder con lentitud. Tengo miedo de que usted me arroje en un precipicio." Vive toda elección en la orientación de los estudios como si se tratase de un dilema imposible. Lo que en realidad plantea es, al mismo tiempo, la necesidad y la negativa de superar al padre. "No quiero sentirme solo. El Otro tiene todo lo que me falta. Para estar completo hay que ser dos." Crea en forma paradójica al padre que no ha tenido, convirtiéndose en alguien más débil que él. Busca negar la impotencia de su padre mediante su propio fracaso. Al mismo tiempo, en sus sueños solicita la intervención de una imagen paterna severa que lo *echa* de su casa (como si esperase esta expulsión hacia sus propios asuntos para existir en nombre propio). Félix, en efecto, nunca pudo plantear su pregunta, ya que sus padres han tomado siempre como propios sus interrogantes para protegerlo de toda dificultad. Ahora bien, en sueños él pide el derecho de ser marcado por ellos para poder vivir. "Vete de aquí", se le dice entonces, y se agrega: "Vete, has nacido ahora." Sin embargo, el sujeto escucha estas palabras como una advertencia que no se debe seguir, semejante a la sobreprotección materna. "Sin duda estoy aún demasiado enfermo como para trabajar", me dice, y agrega: "Corro demasiados riesgos".

"Un día —le dice alguien en sueños— deberás abandonar a tu padre y a tu madre y tendrás tu mujer y tus hijos" y Dios, para ayudarlo le da en ese momento gotas que le permiten ver con claridad...

¿Cómo orientarse? Esta es la pregunta que se plantea luego el sujeto, ya que en su historia nunca se tuvo en cuenta la palabra del padre, lo que lo convirtió a él en un ser muerto, que siempre espera en vano una ayuda exterior. Nada es posible, cree, ya que en el momento adecuado no se le comunicó la señal de partida. Intenta entonces inmovilizarse en una relación de dependencia para convencerse de que siempre tuvo un padre, lo que, al mismo tiempo, le permite negar la carencia de aquel.

Sin embargo, y gracias a los progresos del análisis, Félix comprende que todo ello es solo un engaño. Profiere entonces estas palabras amargas: "Hasta el propio Dios me ha olvidado. Creo que Dios es una mujer vieja que quiso que yo no tuviese ni cuerpo ni sexo." Félix parece buscar en sus sueños a alguien que le enseñe a vivir; sin embargo, y al mismo tiempo, intenta liberarse del mismo para convertirse en sujeto autónomo, dueño de su yo. "Tengo ganas —me dice— de decirle a mi padre: ustedes no me han escuchado. Me enviaron a alguien que me escucha, pero esto no me sirve de nada."

Afirma de este modo su deseo de anularme, probablemente con el propósito de encontrar así identificaciones masculinas válidas que lo ayuden a situarse.

Pero no nos corresponde exponer aquí el análisis de Félix. Me referí a su caso solo para poner en relieve los conflictos subyacentes a un problema aparentemente objetivo, como puede serlo el de una simple orientación profesional. Todo sujeto detenido en el transcurso de sus estudios por una *inhibición* necesita una investigación psicoanalítica más profunda; de no ser así, corre el riesgo de que se lo oriente erróneamente, en el sentido mismo de sus dificultades.

Ahora bien, es frecuente, incluso en las casas de salud (casas de atención de estudiantes) que se tenga en cuenta, antes que la necesidad de curación, la necesidad de *reorientación*. De este modo, se estimula en mayor grado el fracaso que el éxito. El intento de hallar un mundo mejor o un medio más adecuado para esta forma de neurosis o de locura es un mito. A menudo es más conveniente tener menos prisa, esperar a que el sujeto se vuelva a ubicar en su propia historia, antes que inducirlo autoritariamente a que emprenda un camino que, en realidad, debería descubrir por sí mismo.

¿Pero entonces, me dirán ustedes, usted pone en duda el valor de los tests en general?

Lo que cuestiono en realidad no es su ajuste teórico por parte del investigador sino su aplicación a menudo demasiado ingenua.

El propio psicoanalista no está más protegido del error que el psicólogo, ya que la presión de los padres o la presión social lo inducen en algunos casos a responder a un pedido (de orientación) que a veces no se justifica. La tentación es mayor cuando el propio sujeto expresa el pedido. El analista debe situar entonces la demanda de forma tal que se pueda al menos percibir o comprender su aspecto ilusorio.

4

¿EN QUE CONSISTE ENTONCES LA ENTREVISTA CON EL PSICOANALISTA?

La vulgarización de los conceptos psicoanalíticos nos hace correr el riesgo de proporcionar una imagen falsa de la entrevista con el psicoanalista, si se cree que ella se reduce a una relación dual en la que el paciente se limita a proyectar sobre el analista todo lo que lleva en él sin saberlo —es decir su inconsciente—. De acuerdo con esta concepción, el rol del analista se reduciría a comprobar el carácter imaginario —prácticamente irreal— de estas proyecciones, y a informar al paciente sobre ello. En resumen, el análisis se limitaría a una reducción de lo imaginario en nombre de la realidad.

Un análisis, sin embargo, no se desarrolla de esta forma. Nos encontramos frente a un discurso —tanto cuando se trata de los padres como del hijo— al que cabe calificar como *alienado*, en el sentido etimológico de la palabra —antes que como mentiroso, como se puede sentir la tentación de decir— ya que no se trata del discurso del sujeto, sino del de los otros, o de la opinión. Nunca se podría salir de este discurso alienado si la experiencia analítica fuese solo una objetivación psicológica del sujeto, de un sujeto que seguiría presentando una máscara social —que ni siquiera le es propia— para que otro, el analista, interprete su sentido.

Para volver a las fuentes freudianas, Lacan puso el acento en mayor grado en el discurso del sujeto que en la elaboración de los estadios del desarrollo instintivo,[1] debido a que el sujeto integra su propia historia a su discurso en una forma determinada y a que constituye su pensamiento en una dialéctica mediante su palabra. "Por medio del desciframiento de esta palabra —nos dice Lacan[2]— Freud descubrió el idioma primitivo de los símbolos, vivo aún en el sufrimiento del hombre de la civilización (jeroglíficos de la histeria, blasones de la locura)."

Esta palabra no siempre es fácil de aprehender, ya que el hombre utiliza a menudo el lenguaje para ocultarla o ahogarla.

No nos corresponde explicitar aquí en qué consiste un psicoanálisis. He intentado señalar posiciones esenciales, que un público acostumbrado a una vulgarización simplista y errónea del psicoanálisis conoce mal. Cuántos meses perdidos, por ejemplo, porque se tiene "miedo a la transferencia". "Me prometí a mí misma —me dice una estudiante— que en mi caso no sucedería así, que no me dejaría atrapar."

"Espero —me dice otro— que usted sea sucesivamente mi padre, mi madre, mi hermano y la mujer de mi vida."

Y el paciente, en su conducta y en su discurso, va a expresar en un primer momento ese folklore psicoanalítico. Necesitará mucho tiempo para comprender que su verdad se sitúa en un lugar distinto, y no siempre le es fácil a un analista restituírsela.

Me ocupo de estos conceptos debido a que la primera entrevista, tanto con el niño como con los padres, muestra la especificidad de mi escucha psicoanalítica. En función de ella, por ejemplo, porque se tiene "miedo a la transferencia". "Me me suele formular en algunos casos, al final, estas palabras clave: "Este niño me cansa, no puedo aguantarlo, no puedo soportar más ser madre en el hogar, quisiera trabajar." Esta palabra nunca es proferida en *un momento cualquiera*. A menudo, lo es después de que comunico a los padres los resultados del examen del niño. El diálogo que mantengo entonces con ellos continúa a la entrevista del comienzo. A menudo se debería rehacer esta entrevista por completo, ya que el primer discurso de los padres suele ser, antes que nada,

[1] Toda una bibliografía psicoanalítico-médico-pedagógica se desarrolló alrededor de esta vulgarización errónea del psicoanálisis.
[2] "La Parole et le Langage", *La Psychanalyse*, vol. I, PUF.

el discurso de los otros. Su sufrimiento puede ser expresado solo en la medida en que pueden estar seguros de ser escuchados. ¿Por qué un niño no debería "cansar"? ¿Por qué una madre no podría estar tan bien en la fábrica, en la oficina, como en su cocina? Estas preguntas pueden ser planteadas solo en la medida en que el Otro no asuma el rol de educador o de juez, en la medida en que el Otro, por fin, acepta que surja una verdad que no necesariamente es la suya.

"No le he dicho a nadie que este niño no es de mi marido." Esta mujer pudo hacerme esta confesión, esencial como confesión para *ella misma* y no como hecho en sí, trastornante para el niño, gracias a que ella *sabía* que yo no daría una respuesta mutiladora para su ser. No se debe creer que yo procedo con contemplaciones para con los padres, ya que ello no les serviría de nada, ni tampoco le sirve al niño. Pero me preocupo por respetar "confesiones" que tienen sentido, no por dirigirse a otro sujeto, sino porque reconstruyen en cierta forma al sujeto. Lo que es peligroso para el niño es la mentira de la madre a sí misma. "Yo sabía que este hijo no era de mi marido, pero *no quería saberlo*." Ser consciente de ello, supone también asumirlo plenamente en su destino de madre y esposa; el problema, en efecto, le es propio, y es perjudicial que finja que no le atañe. El niño siempre es sensible a este tipo de mentira. Por otra parte es sensible *a todo lo que no se dice.*

"Cuando era muy pequeño —me dice un niño de 7 años a quien nunca nadie había hablado del divorcio de sus padres— me tenían de un lado para el otro, y siempre lo mismo. Cuando estaba cómodo, tenía que ir a otra parte. Me manoseaban... Mi madre prometía venir, no venía; al comienzo yo la llamaba, después me dije que todo eso no estaba bien."

Su madre se drogaba; ¿el pequeño no lo sabía?

"Mi madre estaba siempre acostada, ella estaba *al parecer* enferma. Yo nunca iba a la escuela, quizás 15 días en todo el año. Desde que tengo 3 años, me ocupo en su lugar de la cocina y de la limpieza."

No todos los niños tienen la suerte de recordar en una forma tan vívida lo que los ha marcado. La neurosis puede originarse en su olvido.

Las madres de niños psicóticos suelen confesar una situación familiar perturbadora solo después de un accidente grave, como por ejemplo, un suicidio. El marido, descripto como "amable", "admirable por su dedicación", muestra luego ser diferente; "recién ahora veo cuán tiránico era, me pegaba, me insultaba, me decía todo el tiempo que yo lo engañaba, no me atrevía ya a salir y el pequeño no se atrevía a llorar, quedaba inmovilizado delante de él cual una estatua de mármol".

En un film reciente, se hizo dramatizar a cada uno de los actores de un drama sentimental su historia, y se proporcionaron de esta forma dos visiones diferentes de un mismo acontecimiento. Por lo general cada miembro de la familia suele vivir una situación familiar de acuerdo con una forma que le es propia. Viven uno junto a otro, y, en realidad, ignoran todo lo referente al otro. El hecho de compartir el cubierto, un techo, placeres, un lecho, parecería bastar, ya que son pocos los que intentan saber quién es aquel con el que dicen "vivir". Es posible que la verdadera forma de pudor resida en ello: es difícil compartir la intimidad, y quizás, y en primer lugar, especialmente difícil hacerlo consigo mismo. Por ello, la primera entrevista con el psicoanalista es más reveladora en lo que se refiere a las distorsiones del discurso que a su contenido mismo. Este contenido, y algunos se sorprenden por ello, varía de una sesión a otra, de un analista a otro; esto es así, cabe repetirlo, porque la verdad de ese discurso (como nos lo recuerda Lacan) se constituye en el Otro, siempre a través de una cierta ilusión. "Es curioso, me doy cuenta de que le digo cosas que son lo opuesto de lo que le dije al doctor."

—¿Por qué lo opuesto?

—Porque me encontré desprevenida y dije al comienzo lo que creí que había que decir y ahora tuve tiempo para recuperarme y confesarme lo que prefería ocultarme.

Sin embargo, son pocas las personas que perciben con tanta nitidez la diferencia entre los discursos que manifiestan...

Al vivir con su hijo, la madre llega, en algunos casos, a olvidar al ser que se oculta detrás del objeto que cuida. En relación consigo misma carece de una cierta distancia que le permitiría sorprenderse a veces por un cierto estilo de conducta. Como perfecta ama de casa, está tranquila cuando cada objeto está en su lugar; marido e hijos asumen una cierta función en este universo cerrado del que toda evasión es imposible. En algunos casos y al carecer de una posibilidad mejor, el niño busca la evasión en la enfermedad. Sometido a la madre como objeto para cuidar, él le manifiesta con su enfermedad que ella no puede hacer nada por él, salvo quizá tener deseos fuera de él.

Escuchemos las palabras de estas madres:

"Mi hija tiene un asma incurable. Los doctores dicen: es su subconsciente. Yo *lloré* cuando esta niña vino al mundo. Me decía a mí misma que yo nunca tendría en mí lo suficiente para darle todo lo que querría darle. Ella se negaba a comer. Sí, *me* hacía eso, mientras que yo me ocupaba tanto de ella. La ponía cerca de mi cama para vigilarla y ella no dormía. ¡Ah, cuantas lágrimas derramadas por su causa! Y he aquí que un día ella empezó a toser, a tener problemas respiratorios. Ese día, el asma entró en ella. Me dijeron que no era un asma verdadero, sino un malestar respiratorio. Se le dio cortisona y no sirvió para nada. La pequeña se volvió exigente. Abandoné mi trabajo para ser todo para ella. A partir de ese momento, todo empeoró. Me dijeron un día: 'Es una enferma grave, tiene toda la parte inferior bloqueada para la respiración'. 'Sé que no me curaré nunca', me dice mi hija, eso me vuelve loca y entonces corro a ver otro doctor. Mi marido y yo ya no tenemos una vida propia. Claro, es inevitable, estamos vigilando todo el tiempo su respiración.

"Un doctor se sorprendió una vez al comprobar que *de improviso*, cuando uno no se ocupa de ella, la nena respira normalmente. Yo no creo en absoluto que sea así. A mi hija hay que evitarle los enojos, las contrariedades, los celos: 'Vos sos mi mamá mía —me dice ella—, no quiero compartirte con nadie'. Tengo que prestarle atención, ya que a la pequeña no le gusta que yo me ocupe de su padre. Por otra parte, ella se lo dice: 'A mamá vos le decís palabras amables, y a mí, nada'. Mi vida está arruinada. Todo el tiempo pienso en sus bronquios. Me ocupo yo misma de ponerle sus supositorios, de cuidarla, pero de nada sirve. Por otra parte, vengo a verla pero, al igual que los otros, *usted no podrá hacer nada.*"

¿Qué se puede agregar a este discurso que, por momentos, presenta resonancias poéticas? El discurso está marcado, subrayado por la neurosis de la madre. Desde antes de su nacimiento, esta niña es ya objeto de la fantasía materna; ¿esa necesidad de amor inmenso no recuerda también la angustia, el peligro de un sofocamiento total? Esta niña forma parte de los humores de la madre, hasta tal punto que la madre *sabe* que nadie podrá hacer nada. En realidad, ella no desea que la situación cambie. Carne de su carne, sufrimiento de su corazón, herida íntima, su hija tiene que mantenerse así. Trastornada por la posibilidad de un cambio, Madame Robertin me dice: "Es demasiado pronto para que le entregue 'esta niña, tengo que recuperarme, después volveré sola. No le hablé de mis angustias, desaparecieron con la enfermedad de mi hija, y todo eso puede volver a aparecer, tengo miedo. Es horrible la idea que se me ocurre de repente, es absurda, es como si me pidiesen que eligiese entre mi muerte y la de mi hija. ¿Qué absurdo, no es cierto? Si uno se queda mucho tiempo con usted, termina por decir cualquier cosa, por perder todo sentido común."

Ahora bien, si algo se pierde en la confrontación con el analista, es una cierta mentira; a través de este abandono, el sujeto recibe en cambio y como verdadero don, el acceso a su verdad.

Me limité a la *primera entrevista*. Dejo entonces en suspenso la continuación de las entrevistas, no sin insistir sobre lo siguiente: cuando los padres consultan por su hijo, más allá de este objeto que le traen, el analista debe esclarecer el sentido de su sufrimiento o de su trastorno en la historia misma de los dos padres. *Emprender un psicoanálisis del niño no obliga a los padres a cuestionar su propia vida.* Al comienzo, antes de la entrada del niño en su propio análisis, conviene reflexionar sobre el lugar que ocupa en la fantasía parental. La precaución es necesaria para que los padres puedan aceptar después que el niño tenga un destino propio. Un niño sano, si es necesario, obtiene esta autonomía mediante crisis de carácter, mediante oposiciones espectaculares.

El niño neurótico, por su parte, paga este deseo de evolución personal incluso hasta con un daño orgánico muy serio. Algunas afecciones (epilepsia) son agravadas de este modo por la ansiedad del medio, que compromete el éxito de un tratamiento médico. Madre e hijo deben ser considerados entonces en el plano psicoanalítico: la evolución de uno es posible solo si el otro la puede aceptar.

"Este niño —me dice una madre— nos despojó de toda vida personal, se cae, no podemos abandonarlo. No sabe utilizar sus manos. Tiene contracciones. Está muy enfermo. No podía escribir. Estuvimos tanto detrás, fuimos tres en ocuparnos de que decolase, y lo logró. Vive en un mundo propio. Tenerlo es una responsabilidad. Habría que atarlo. Estoy siempre preocupada de que tenga un accidente, temo todo el tiempo su muerte. Tiene un aspecto anquilosado, con la cabeza siempre hacia adelante. Es una pesadilla, esa cabeza arrastra su cuerpo. No puedo ser amable. Estoy obligada a ser dura para despertarlo. Todo el tiempo se cae. Pensé en ponerle un corsé. Hay que hacer algo. Una vida increíble. Yo le digo, madame, lo que él necesita es el corsé de hierro. Mi marido me dice que yo me enfermo. Tanto peor, qué quiere usted. Cuando él se cae, le pego. Qué quiere usted, cada quince minutos le pasa algo. Llama realmente la atención que no se haya matado con todas las cosas que le han pasado."

Este niño, deteriorado por crisis convulsivas, no tiene *ningún accidente* en el internado. La madre no quiere admitirlo: "Aun si usted lo atara vería que se cae."

El discurso entrecortado de la madre expresa así su propia angustia casi asesina. No se aprecia con exactitud si el que puede caer es el niño, o si la madre actúa de forma tal como para hacer caer a su hijo, dulce, amable, que lleva en su cuerpo un pánico total.

A través del Otro, la entrevista con el psicoanalista es un encuentro con su propia mentira. El niño presenta esta mentira en su síntoma. Lo que daña al niño no es tanto la situación real como *todo lo que no es dicho*. En ese no dicho, cuántos son los dramas imposibles de ser expresados en palabras, cuántas las locuras ocultas por un equilibrio aparente, pero que el niño, trágicamente, siempre paga. El rol del psicoanalista es el de permitir, a través del cuestionamiento de una situación, que el niño emprenda un camino propio.

5
PSICOANALISIS Y PEDAGOGIA

Hace apenas 50 años, maestros y profesores tenían el privilegio de ser los únicos que orientaban a sus alumnos. Sin duda, las consideraciones de clases sociales, entraban en juego: se dudaba siempre en aconsejar estudios costosos a un niño perteneciente a un medio con problemas económicos; en cuanto al hijo de burgueses, por el contrario, rara vez sus padres se oponían al camino que escogía. El número limitado de los alumnos permitía a los maestros un mejor conocimiento de sus niños y formular, sin demasiados riesgos de equivocación, una predicción de éxito. El aumento de los efectivos, la sobrecarga de las clases en todos los niveles de la enseñanza, modificaron las modalidades de la educación. Ya no se intenta conocer a los niños sino, en el mejor de los casos, dispensarles en condiciones cada vez peores un saber que asimilan con una reticencia creciente. Se intenta corregir la insuficiencia de los maestros mediante métodos audiovisuales, se utiliza a la televisión en los establecimientos escolares. Los métodos de enseñanza se diversifican, se utilizan en algunos casos clases píloto, los métodos activos. La intención de los maestros, al parecer, es la de lograr que sus alumnos participen y se interesen en su trabajo.

El niño, atraído por la calle, el cine, las diversas actividades culturales, abandona, según se dice, la clase. "Los alumnos son cada vez peores; en nuestra generación —me dice un profesor—

estos deberes nunca hubiesen logrado una nota suficiente."
La Enseñanza está en crisis, ya no se lo puede ocultar. Esta
crisis nutre nuestra lectura cotidiana, al igual que el escándalo de la vivienda, los asesinatos en serie, etcétera. Sin
embargo, se busca la causa del mal en un lugar diferente de
aquel en el que efectivamente se encuentra. Al buscar fór-
mulas pedagógicas mejores (que luego se dejan de lado por
falta de presupuesto), se oculta la tragedia de un cuerpo de
profesores que *ya no pueden* ejercer su trabajo.

"El Director —me dice una madre— ya no puede recibirme,
no tiene tiempo. En el Liceo me dijeron que es una suerte que
mi hijo esté ahí, pero son demasiados, se agrega, como para
que sea posible ocuparse de ellos." "No somos psicólogos, me
dice un profesor, no tenemos tiempo. Si él no hace nada,
diríjanse a la oficina de orientación."

Los maestros que, pese a todo, buscan dedicar a sus alumnos
el tiempo necesario se ven desbordados por el número de
niños, y su acción *aislada* suele ser ineficaz. En la actualidad,
es habitual que, "si un niño no rinde", se lo deba derivar a
la enseñanza privada. De esta forma, y en ciertos casos, los
colegios libres reemplazan las carencias de las escuelas del
Estado. La crisis, sin embargo, comienza a alcanzarlos también
a ellos, y la falta de personal calificado se hace sentir en particular en las clases primarias; estas son confiadas cada vez más a
principiantes, cuando la forma de enseñanza impartida en ellas
está lejos de ser simple. Las "oficinas de orientación" juegan
un rol importante en algunas ciudades de provincia; en ellas,
y en lugar de los maestros, se proporcionan cónsejos de orientación escolar. "¿Qué quiere usted? Si su hijo es perezoso,
abandone la idea de que estudie. ¿Qué pensaría él de un
trabajo al aire libre donde podría emplearse?"

Al psicólogo escolar (puesto que en un momento dado se
creó y se suprimió luego), también a él, se le solicita que
reemplace al profesor y entable un diálogo con padres inquie-
tos. Algunos establecimientos remiten todo caso difícil a una
consulta psicoanalítica. Se produce una movilización del grupo
familiar alrededor del "rechazo" escolar, a la que a menudo
preceden diversas y vanas tentativas de reeducación. El problema que en la actualidad plantean los efectos nefastos de
una enseñanza, preocupada antes que nada por salvar las
apariencias, es esencialmente un *problema político*. En efecto,

la Educación Nacional debería ocuparse de que los maestros pudiesen ejercer su función. Mientras tanto, los "inadaptados escolares" aumentan cada año el número de las consultas públicas y privadas. Se ofrecen paliativos a los padres, bajo la forma de cursos privados, cursos de recuperación, etcétera. Se recurre incluso a la Seguridad Social para subvencionar escuelas especializadas en las técnicas de recuperación escolar. No me propongo en absoluto criticar el aporte indiscutible de estos diversos organismos. Sin embargo, y por su propia existencia, señalan una falla de la Enseñanza. De esa forma, la medicina debe enfrentar en nuestros días la ingrata tarea de solucionarla.

Ahora bien, los progresos realizados en la detección de trastornos de dislexia, de discálculo, no deben hacernos perder de vista este hecho esencial: nos referimos a que la posibilidad de una enseñanza adaptada a los "casos especiales" debería ser proporcionada en el marco de la Escuela Pública.

Pero ello supone un retorno a clases reducidas, con maestros no sobrecargados en su trabajo. No se debería reservar la enseñanza en la clase preparatoria y elemental a los principiantes o a alumnos del magisterio; todo maestro debería informarse en mayor grado sobre los trastornos del campo de la lectura, de la ortografía, del cálculo. El niño al que se ayuda a los 7 años tiene más posibilidades de solucionar su problema que el que es abordado a los 10 años, con un pasado de fracaso escolar detrás de sí. Antes de preguntarse qué puede aportar el psicoanálisis a la pedagogía, importa, cabe reiterarlo, crear una situación en la que la Enseñanza sea *posible*. Para un niño siempre es mejor que la recuperación de su nivel ocurra en su marco escolar que en el hospital, aunque se trate de un hospital de día.[1]

La multiplicación de casas "médicas" para inadaptados escolares constituye en sí un problema de esta época. La solicitud maternal de la que estos niños son objeto crea, en algunos casos, una perversión de la conducta. Al escapar a la ley escolar, intentan también, en su relación con el Otro, negar

---

[1] Algunos hospitales de día tienen clases de recuperación. Su existencia es útil, pero testimonia un cierto descuido de la Educación Nacional, que no cumple con sus obligaciones. El "derecho a la enfermedad" forma parte de nuestros hábitos, hasta el punto de hacernos descuidar al sujeto aún no "enfermo".

toda forma de obligación o de deber. Estos "casos especiales" constituyen una categoría de privilegiados a quienes todo se les debe. El futuro nos dirá qué reserva esta nueva forma de educación. Una vez más no me anima en absoluto la intención de detener la expansión actual de los externados médicopedagógicos. De todas maneras, sin embargo, esta expansión plantea un problema, al igual que el de la carencia de la enseñanza. Es evidente que la mejor solución para el niño es la de recibir "la instrucción de todo el mundo"; para ello, sin embargo, se requeriría que esta instrucción respondiese a sus dificultades.

La reflexión psicoanalítica nos permite elucidar la significación de los trastornos temporo-espaciales en una cierta categoría de niños. (Estos trastornos, por lo general, se acompañan con desórdenes graves en el campo de la lectura, de la ortografía, del cálculo. Antes que toda forma de reeducación es necesario entonces emprender un análisis; conviene mantener al niño en el establecimiento frecuentado para evitar que se acentúe, en su caso, el aspecto espectacular de los "casos especiales".)

1º) Los trastornos se acompañan con una dificultad del sujeto para situarse en relación con su propio cuerpo (muy a menudo, este cuerpo no le pertenece, no le concierne, es, en realidad, propiedad de la madre; se trata de una relación muy especial con la madre, como la que se observa en los casos de debilidad y de psicosis).

2º) Se comprueba una imposibilidad para situarse en un *linaje*: mi madre se convierte también en mi mujer. Y mi abuela en una dama intercambiable, sin vínculos de parentesco. Nadie tiene su lugar en este mundo y ninguna regla gobierna las relaciones de parentesco. A partir del momento en que el sujeto comienza a utilizar el lenguaje, se observa una confusión.

3º) Tanto cuando se trata de los meses del año, de los días, del tiempo como de la hora, el sujeto se ubica en un tiempo sin puntos de referencia, y se niega a utilizar una nomenclatura corriente. Y, si consiente en utilizarla, lo hace absurdamente; enero no corresponde a nada, no tiene sentido, y tampoco lo tiene la idea de parentesco.

Los propios reeducadores llegan a percibir a través de esto un problema que les escapa. "Dibujé —me dice un reeducador— a tres Claude: sentado, acostado, parado. Le pregunté: '¿Cuántos Claude hay?'; no pude lograr que el niño me dijese: hay solo uno. Según él, había tres."

Desde nuestro lugar de analista, se puede proporcionar una elucidación: en efecto, interroguémonos sobre el significado que en la relación de este niño con el Otro, tiene su situación de bloqueo, de estupor cuando se le pregunta si él es *uno* o si es *tres*. ¿Cuál es el Claude que debe desaparecer para satisfacer la exigencia del reeducador, confluyendo de esta forma con las fantasías de estos niños que sienten que el deseo de los padres de que tenga éxito, de que sea bello, recubre a menudo otro deseo (inconsciente): el de que muera? Esta simple pregunta nos permite aprehender una de las dimensiones de ciertas aberraciones escolares. En casos como este los maestros, incluso muy calificados, no suelen lograr nada, ya que este trastorno, en realidad, nos remite a otro lugar, a la enfermedad (mental) del niño.[2] Así, una maestra me señala las "rarezas" de su alumna: ella elige, me dice la maestra, sus operaciones, sus problemas, en algunos casos sus cifras, y en otros momentos mantiene una conversación inteligente.

¿Cuál es el discurso de esta niña en el transcurso de una entrevista conmigo? "Vos, un día, tenías piernas bronceadas y estabas contenta. Eras la última de la clase, tu papá estaba contento con tu idiotez y te dio un premio. Madame M. estaba contenta de vacaciones, trabajaba. Mientras que cuando tenía que trabajar, lloraba mucho, le gustaba llorar. Ella lloraba en la vida sobre su trabajo. Madame M. no existe, vos no estás ahí. ¡Ah, los ojos de Madame M., los ojos grandes que te hacías a vos misma cuando tenías cero año!' Lo hacías por el gusto de darte miedo. Ahora, cuando tenías *1 año*: llorabas, rezabas y decías a Dios que estabas loca, pero Dios no era nadie, era también vos. *3 años*: eras linda, vos, existías, pero los otros no porque vos estabas loca. Tenías una boca especial para el pan, vos te lo fabricabas. No había nadie que te lo hiciese. *Yo te lo digo*, estabas sola. A los *4 años*, tenías una banana y rezabas. Decías sin quejarte que estabas loca,

[2] O, simplemente, a su mundo de fantasías. Algunas formas de pregunta inducen (por razones inconscientes precisas) respuestas aberrantes, sin que el sujeto sea neurótico por ello. Preguntar a un niño si es *uno* o si es *tres* puede ser, en sí, una pregunta desconcertante, o incluso perturbadora.

decías todo en el vacío a nadie. Yo te lo digo, Dios es el vacío, él es Nadie. *5 años*: las personas existen, pero son tontas y vos no les hablás. *6 años*: eras linda para vos. No querías ser linda para los otros. Yo te lo digo, los otros no existen."

Por más que Mireille me diga *vos*, yo no existo en tanto que Otro como lugar de la palabra. En este texto, tan conmovedor en su ritmo mismo, ella explica que las palabras no remiten a nada. Su mensaje, parece decirnos, no tiene fundamento en el Otro, no intenta recibir ninguna revelación de sentido. El mundo de Mireille, en efecto, se sitúa fuera de todo campo espacial, no hay sujeto, ni interlocutor... Esta sucesión de cuerpos parciales introyectados surge en su caso como amenazas endógenas.

Se trata de una niña alienada, que, sin embargo, concurre a la escuela normalmente, a pesar de los resultados escolares imprevisibles y siempre desconcertantes...

En los casos de inadaptación escolar podemos observar una gama variada de sujetos. No todos requieren una cura psico-analítica. Muchos trastornos menores podrían ser reeducados en el mismo marco escolar en el que se halla el niño. A este efecto, recordemos que es útil distinguir:

1º) El síntoma que tiene el valor de mensaje; si en lugar de ser oído (en un plano psicoanalítico) se lo reeduca, se pueden provocar agravaciones claras del estado del niño.

2º) El síntoma sin valor de mensaje: en ese caso, la reeducación tiene éxito. Si un maestro tiene pocos alumnos, puede tener en cuenta, en su enseñanza, las dificultades específicas (en el campo de la ortografía y del cálculo), e incluso elaborar esta enseñanza en función de los descubrimientos modernos en este campo. La creación de hospitales de día no debería hacernos perder de vista a los niños normales que, en la actualidad, necesitan en algunos casos que se les aplique la etiqueta de "enfermos" para beneficiarse con una enseñanza que se adecue a sus dificultades. Ahora bien, considero que crear una ley de obligación escolar, no es suficiente; se debe lograr que su aplicación en la práctica sea posible. Correspondía señalar en este libro estos "imperativos pedagógicos", en la medida en que nuestras consultas se ven desbordadas por un excesivo número de casos de niños cuya inadaptación escolar hubiese podido ser resuelta en el marco de una enseñanza tradicional normal, si esta se adaptase en mayor grado a las exigencias específicas de cada uno.

CONCLUSIONES

La primera entrevista con el psicoanalista es, ante todo, un encuentro con uno mismo, con un sí mismo que intenta salir de la falsedad. La función del analista es la de restituir al sujeto, como don, su verdad. Pese a que el niño-problema plantea en forma implícita el problema de la pareja parental, no se debe sin embargo resolver dicho problema con *métodos de grupo*. (La familia no es sin duda un "grupo" en el sentido que se le atribuye a esta palabra en la explicación psicológica. Lo que tiene importancia no es la vida colectiva de los individuos que la componen, sino las estructuras ocultas que esta vida impone a todos.) La pareja parental plantea su pregunta *a través de su hijo*, pero ella debe asumir un sentido en referencia a la propia historia de esta pareja. El analista no debe proporcionar soluciones, sino permitir que la pregunta se plantee a través de la angustia puesta al desnudo por el abandono de las defensas ilusorias. El debate se realiza en una dialéctica situada en un plano relacional. La formación del interlocutor lo protege de la omnipotencia que proporciona la investidura (en efecto, es posible que él no sea ni médico, ni profesor), su fuerza reside en el simple hecho de que se acepta como lugar de encuentro: a través de él, más allá de él, una verdad podrá ser aprehendida por el Otro. No es ni director de conciencia, ni guía, ni, por sobre todo, educador. No se preocupa por dar una receta o por desear un éxito. Su rol es permitir que la *palabra sea*.

Esta palabra no es indiferente. La confesión a sí mismo no se realiza en cualquier tipo de situación. ¿A quién voy a librar lo más íntimo de mi ser? No a cualquiera, sin duda. Lo que cuenta no es la investidura sino la calidad del interlocutor capaz de situar al debate en un nivel distinto al de la pura relación dual. La primera entrevista no es a menudo más que una puesta a punto, una ordenación de piezas de un juego de ajedrez. El resto queda para después, pero los personajes han sido ubicados. Lo que finalmente puede estructurarse es el *sujeto*, perdido, olvidado en las fantasías parentales. Su surgimiento como ser autónomo, no alienado en los padres, es, en sí, un momento importante. Por sí solo, el hecho de que se planteen problemas de orientación, de escolaridad, representa un detalle. Lo que importa es su inserción en una dinámica de reconocimiento.

El psicoanálisis no es un deber. Por ello, y antes de considerar su divulgación tal como podría hacerse con una intención de progreso social, conviene examinar con seriedad los problemas que él plantea.

En la actualidad, las dificultades psicológicas de un niño otorgan a la familia *derechos*, sin que por ello se pongan suficientemente en relieve los deberes de los padres (o del sujeto). La consulta pública, útil y necesaria, corre sin embargo el riesgo de justificar ante la pareja parental una especie de demanda ciega, tendiente a conservar máscaras antes que a esclarecer el verdadero problema. Una consulta psicoanalítica tiene sentido solo si los padres están dispuestos a despojarse de las máscaras, a reconocer la inadecuación de su demanda y a cuestionarse en cierta forma. Para que conserve su sentido y su valor propios, se requiere, en cierto modo, que el psicoanálisis se desenvuelva fuera de las organizaciones institucionales, aun si no es ajeno a ellas. La primera entrevista con el psicoanalista, en su trivialidad aparente, es un encuentro verdaderamente excepcional. Se trata, lo hemos dicho, de un encuentro consigo mismo, es decir, con otro en sí que se ignora. "Lo que el analista da —nos dice Lacan— es lo que pertenece al otro." Recibimos esta revelación del otro en nosotros, en raros momentos fecundos, en un instante decisivo de nuestra historia en el que nos es posible asumir la aventura que representa para nosotros la ruptura con un discurso mentiroso, el que siempre fue nuestro.

En el transcurso de la consulta psicoanalítica nada se hará para facilitarle al sujeto lo que *demanda*. Ahora bien, esta misma demanda es la que lo conduce hacia el médico o hacia el reeducador que, por su parte, pueden responder a ella en forma adecuada. El rol que le corresponde al psicoanalista es el de considerar su aspecto engañoso para ayudar al sujeto a situarse correctamente respecto de sí mismo y de los otros.

El niño, sensible, como hemos visto, a *todo lo que no se dice*, logra a través de esta confrontación la posibilidad de un nuevo comienzo, incluso de un primer comienzo como ser autónomo, no alienado en el deseo de los padres.

BIOGRAFIA

Nacida en Ceilán, donde pasó su primera infancia, Maud Mannoni vivió luego con su familia en Holanda. Llevó a cabo estudios de criminología en Bruselas y estudió psiquiatría bajo la dirección de Nyssen (Bruselas) y de Dellaert (Amberes).

Debe su formación de psicoanalista de niños a Françoise Dolto, quien puso a punto un método terapéutico para los niños psicóticos más gravemente dañados. La siguió a través de su consulta hospitalaria con un público de médicos en formación, beneficiándose así con una forma de enseñanza excepcional en psicoanálisis de niños.

Maud Mannoni pudo llevar a cabo la elaboración teórica de su experiencia gracias a la enseñanza de Jacques Lacan.

Su marido es escritor y también psicoanalista.

Publicó en la primavera de 1964 en Éditions du Seuil una primera obra titulada *L'enfant arriéré et sa mère* (hay version castellana: *El niño retrasado y su madre*, Madrid, Ediciones Fax, 1971).

Ha publicado también: *L'enfant, sa "maladie" et les autres* (Editions du Seuil, 1967) y *Le psychiatre, son "fou" et la psychanalyse* (Éditions du Seuil, 1970).